Liderança em gestão escolar

SÉRIE CADERNOS DE GESTÃO
Heloísa Lück

- *Gestão educacional: uma questão paradigmática* – Vol. I
- *Concepções e processos democráticos de gestão educacional* – Vol. II
- *A gestão participativa na escola* – Vol. III
- *Liderança em gestão escolar* – Vol. IV
- *Gestão da cultura e do clima organizacional da escola* – Vol. V
- *Perspectivas da avaliação institucional da escola* – Vol. VI
- *Avaliação e monitoramento do trabalho educacional* – Vol. VII
- *Gestão do processo de aprendizagem pelo professor* – Vol. VIII

Dados Internacionais de Catalogação na Publicação (CIP)
(Câmara Brasileira do Livro, SP, Brasil)

Lück, Heloísa
  Liderança em gestão escolar / Heloísa Lück. 9. ed. –
Petrópolis, RJ : Vozes, 2014. –
(Série Cadernos de Gestão)

  Bibliografia.

  10ª reimpressão, 2024.

  ISBN 978-85-326-3620-1

  1. Escolas – Administração e organização 2. Gestão
educacional 3. Liderança I. Título. II. Série.

07-10363   CDD-371.2

Índices para catálogo sistemático:
1. Liderança : Gestão educacional : Escolas :
    Administração : Educação   371.2
2. Liderança : Gestão escolar : Educação   371.2

Heloísa Lück

Liderança em gestão escolar

EDITORA
VOZES

Petrópolis

© 2008, Editora Vozes Ltda.
Rua Frei Luís, 100
25689-900 Petrópolis, RJ
www.vozes.com.br
Brasil

Todos os direitos reservados. Nenhuma parte desta obra poderá ser reproduzida ou transmitida por qualquer forma e/ou quaisquer meios (eletrônico ou mecânico, incluindo fotocópia e gravação) ou arquivada em qualquer sistema ou banco de dados sem permissão escrita da editora.

CONSELHO EDITORIAL

Diretor
Volney J. Berkenbrock

Editores
Aline dos Santos Carneiro
Edrian Josué Pasini
Marilac Loraine Oleniki
Welder Lancieri Marchini

Conselheiros
Elói Dionísio Piva
Francisco Morás
Gilberto Gonçalves Garcia
Ludovico Garmus
Teobaldo Heidemann

Secretário executivo
Leonardo A.R.T. dos Santos

PRODUÇÃO EDITORIAL

Aline L.R. de Barros
Jailson Scota
Marcelo Telles
Mirela de Oliveira
Natália França
Otaviano M. Cunha
Priscilla A.F. Alves
Rafael de Oliveira
Samuel Rezende
Vanessa Luz
Verônica M. Guedes

Editoração: Sheila Ferreira Neiva
Diagramação: AG.SR Desenv. Gráfico
Capa: WM design

ISBN 978-85-326-3620-1

Este livro foi composto e impresso pela Editora Vozes Ltda.

*Talvez não tenhamos conseguido fazer o melhor,
mas lutamos para que o melhor fosse feito.
Não somos o que deveríamos ser,
Não somos o que iremos ser,
Mas, graças a Deus,
Não somos o que éramos.*
Martin Luther King

Uma liderança, de fato, consiste em abordar a alma de uma pessoa, e dar-lhe asas.
Anselm Grün

Dedicatória

A série Cadernos de Gestão é dedicada a um conjunto amplo de pessoas com as quais tenho tido a oportunidade e o privilégio de me relacionar e de conviver, e que, por sua dedicação ao trabalho em prol da educação, e a vontade de continuar aprendendo para aprimorar sua atuação profissional, têm me estimulado a continuar escrevendo e divulgando ideias relacionadas ao trabalho educacional, em especial sobre sua gestão.

• A gestores de estabelecimentos de ensino brasileiros que acreditam na importância da escola para a formação de nossas crianças, jovens e adultos e na importância de seu papel para promover essa formação com qualidade. A partir dessa crença, vêm exercendo uma competente liderança, voltada para a formação de comunidades escolares coesas, e comprometidas com a promoção de educação de qualidade. Da mesma forma, a partir dessa atuação, ao mesmo tempo, tanto pelo que ensinam, como pelo que demonstram, seus alunos aprendem a se tornarem cidadãos capazes e atuantes, e a viverem vidas mais satisfatórias e realizadas. Fazem-no mediante o esforço pelo desenvolvimento de fatores, como, por exemplo: a) uma cultura organizacional escolar caracterizada pela participação e envolvimento de todos, de forma colaborativa, na superação das naturais dificuldades do processo educacional; b) competência pedagógica orientada para a gestão de processos sociais de aprendizagem significativa; c) unidade e direcionamento proativo no enfrentamento dos desafios educacionais.

• A todos que, com dedicação, atuaram e atuam como coordenadores estaduais da Renageste – Rede Nacional de Referência em Gestão Educacional, do Consed – Conselho Nacional de Secretários de Educação, e tantos quantos participam dessa Rede, por sua dedicação voluntária ao estudo e promoção de experiências inovadoras em gestão educacional, a sua disseminação e o intercâmbio das mesmas. Dessa forma, deram vitalidade a suas comunidades educacionais, acreditando no princípio de que pequenos núcleos mobilizados para a transformação e melhoria, quando conectados em rede, promovem transformações significativas, em seus contextos educacionais.

• Também aos coordenadores nas Secretarias Estaduais de Educação, do Prêmio Nacional de Referência em Gestão Escolar, um projeto do Consed, em parceria com a Undime, Unesco e Fundação Roberto Marinho, que assumem esse encargo extra em seu trabalho de gestão, para disseminar a prática de autoavaliação pelas escolas ao seu trabalho, como condição de melhoria de seu desempenho. Por sua atuação desinteressada e comprometida, têm contribuído, dessa forma, para criar a necessária cultura da autoavaliação em nossas escolas, fundamental para o estabelecimento de ações focadas na melhoria contínua.

• Aos gestores escolares que lideraram em suas escolas a realização de um movimento de autoavaliação de seus processos de gestão escolar e se inscreveram no Prêmio Nacional de Referência Escolar, desse modo contribuindo para o reforço e a melhoria dessas práticas de gestão e disseminação de boas práticas e referências positivas.

Em especial, é dedicado aos inúmeros profissionais da educação que têm lido meus artigos esparsos e manifestado, quando nos encontramos nos mais diversos eventos, seminários e cursos de educação, sua satisfação em tê-los lido e deles terem tirado alguma inspiração para orientar novos esforços pela melhoria da educação em sua atuação. Suas manifestações revelam seu entusiasmo por estudar, refletir sobre o seu trabalho e buscar construir estratégias e formas para a sua melhor atuação.

Heloísa Lück
Cedhap – Centro de Desenvolvimento Humano Aplicado
Cedhap@terra.com.br
Fone e fax: (41) 3336 4242

Sumário

Apresentação dos Cadernos de Gestão, 13
Apresentação deste volume, 17
Introdução, 25
    1. A importância da elucidação de significados, 27
    2. Tendências de significação de liderança na literatura, 28
1. A explicitação do significado de liderança, 33
    1.1. Dimensões da liderança expressas em uma nova adjetivação, 43
    1.2. Aspectos relacionados à liderança, 55
2. Teorias sobre liderança, 65
    2.1. Teoria dos traços de personalidade, 68
    2.2 Teoria de estilos de liderança, 75
    2.3. Teoria situacional, 86
    2.4. A flexibilidade entre os estilos de liderança, 90
3. A gestão escolar como prática de liderança, 95
    3.1. A relação entre gestão e liderança, 96
    3.2. A prática efetiva de liderança no exercício da gestão escolar, 107

4. O desenvolvimento de competências de liderança, 121
   4.1. O desenvolvimento contínuo de conhecimentos, habilidades e atitudes de liderança, 123
   4.2. Oportunidades e condições focais para o desenvolvimento da liderança, 132

Palavras finais, 143

Índice de quadros, 147

Referências bibliográficas, 149

Anexos, 157

Apresentação dos Cadernos de Gestão

O que é gestão educacional e escolar? Qual a relação entre gestão e administração? Qual a natureza do processo de gestão? Quais seus desdobramentos, dimensões e estratégias na escola? Quais as peculiaridades da gestão democrática participativa? Quais as suas demandas sobre o trabalho dos gestores escolares? Quem são esses gestores? Que ações de liderança são necessárias no trabalho de gestão? Quais as dimensões da gestão educacional? Como planejar, organizar e ativar estrategicamente o trabalho da escola? Como avaliar a gestão escolar e a atuação da escola?

Estas são algumas questões que os **Cadernos de Gestão** abordam, com o objetivo de contribuir para que diretores, supervisores, coordenadores e orientadores educacionais reflitam sobre as bases da gestão, para o norteamento do seu trabalho, de forma conjunta e integrada, assim como para que profissionais responsáveis pela gestão de sistemas de ensino compreendam processos da escola e do efeito do seu próprio trabalho sobre a dinâmica dos estabelecimentos de ensino. Também constituem uma contribuição para que professores se familiarizem com concep-

Liderança em gestão escolar

ções e processos de gestão, como condição para que, como membros da escola, participem de forma efetiva do processo de planejamento do projeto pedagógico.

Os **Cadernos de Gestão** integram em vários volumes questões específicas de gestão, procurando contribuir para: a) a iniciação nessas questões, de alunos de cursos de Formação para o Magistério e de Pedagogia; b) a integração entre reflexão e ação por profissionais que atuam em âmbito de gestão educacional e escolar; c) o estudo crítico por alunos de cursos de pós-graduação com foco em gestão educacional, a respeito dos vários desdobramentos dessa área de atuação educacional; d) a identificação entre pesquisadores de elementos e aspectos de gestão que serviam como objeto na formulação de questões de investigação na área.

Os **Cadernos de Gestão** são, portanto, de interesse de profissionais que atuam em gestão escolar (diretores, vice-diretores, supervisores, coordenadores e orientadores educacionais), assim como aqueles que são responsáveis, no âmbito macro de gestão de sistemas de ensino, pela orientação desse trabalho, a partir de núcleos, superintendências, departamentos, divisões de gestão educacional. Os acadêmicos de cursos de Pedagogia e de pós-graduação que tratam sobre a gestão escolar e educacional encontrarão nele referências que procuram integrar questões práticas e teóricas, de modo a oferecer-lhes bases para a reflexão sobre práticas e conceitos dessa área.

Espera-se, com esta sistematização de material produzido pela autora, a partir de sua experiência como profissional, consultora de sistemas de ensino e docente em cursos de capacitação de gestores educacionais de vários níveis, contribuir para a reflexão sobre as questões propostas mediante a discussão e o entendimento de conceitos e processos de gestão educacional, ou a ela relacionados. Espera-se, em última instância, a partir dessa reflexão, contribuir para o estabelecimento de ações de gestão mais consistentes e orientadas para a efetivação de resultados educacionais mais positivos, tendo como foco a aprendizagem dos alunos e sua formação.

Ressalta-se que a gestão educacional, em caráter amplo e abrangente do sistema de ensino, e a gestão escolar, referente à escola, constitui-se em área estrutural de ação na determinação da dinâmica e da qualidade do ensino. Isso porque é pela gestão que se estabelece unidade, direcionamento, ímpeto, consistência e coerência à ação educacional, a partir do paradigma, ideário e estratégias adotadas para tanto. Porém, é importante ter em mente que é uma área meio e não um fim em si mesma. Em vista disso, o necessário reforço que se dá à gestão visa, em última instância, a melhoria das ações e processos educacionais, voltados para a melhoria da aprendizagem dos alunos e sua formação, sem o que aquela gestão

Liderança em gestão escolar

se desqualifica e perde a razão de ser. Em suma, aperfeiçoa-se e qualifica-se a gestão para maximizar as oportunidades de formação e aprendizagem dos alunos. A boa gestão é, pois, identificada, em última instância, por esses resultados.

Com essas questões em mente, a proposta dos **Cadernos de Gestão** é a de cobrir aspectos fundamentais e básicos da gestão educacional com o objetivo de contribuir para que se possa vislumbrar os processos de gestão em sua abrangência e também em sua especificidade, e, dessa forma, estimular e nortear a reflexão sobre a gestão educacional como ação objetiva e concreta, orientada para resultados educacionais.

Para o momento são destacados 13 assuntos para compor a **Série Cadernos de Gestão**, dos quais já foram publicados *Gestão educacional: uma questão paradigmática* (Vol. I), *Concepções e processos democráticos de gestão educacional* (Vol. II) e *A gestão participativa na escola* (Vol. III). A lista de assuntos poderá aumentar segundo os desdobramentos que se faça a eles, de acordo com os interesses gerados para o seu aprofundamento.

Heloísa Lück

Apresentação deste volume

O diretor de escola, o diretor assistente ou adjunto, o supervisor pedagógico e o orientador educacional, assim como demais membros da equipe de gestão escolar, desempenham um papel caracterizado pela liderança e coliderança, inerentes a suas funções. Aliás, é importante reconhecer que todo trabalho em educação, dada a sua natureza formadora, implica ação de liderança, que se constitui na capacidade de influenciar positivamente pessoas, para que, em conjunto, aprendam, construam conhecimento, desenvolvam competências, realizem projetos, promovam melhoria em alguma condição, e até mesmo divirtam-se juntas de modo construtivo, desenvolvendo as inteligências social e emocional. Dessa forma, realizam-se todos como profissionais, pessoas e seres sociais, desenvolvem o seu potencial e promovem o desenvolvimento do capital cultural da escola em geral e dos grupos sociais de que participam, promovendo, de modo articulado e consistente, a aprendizagem e formação de seus alunos.

É muito comum, no entanto, considerar que basta a boa vontade ou intenção para exercer essa liderança. Se assim o fosse, a grande maioria dos gestores

Liderança em gestão escolar

seria mais efetiva em seu trabalho de mobilização dos participantes da comunidade escolar para a realização dos objetivos educacionais. Ao serem alçados aos seus cargos e respectivas funções de gestão escolar e liderança em sua comunidade, os profissionais contam, em grande parte, com um acervo de conhecimentos e habilidades desenvolvidos em seu trabalho como professores, muito mais relacionados, em decorrência de sua formação acadêmica conteudista, a áreas de conteúdo e, infelizmente, pouco direcionados para a dinâmica de processos sociais e sua gestão; vale dizer, a liderança dos grupos de alunos com os quais trabalham e aos quais lhes compete influenciar e mobilizar para que se dediquem com satisfação a um processo coletivo de aprender.

Embora, portanto, a liderança seja inerente ao trabalho educacional como um todo e não apenas dos seus dirigentes e coordenadores, o seu exercício pleno não é comumente encontrável nas escolas, conforme identificado em pesquisas internacionais (WHITE & BARBER, 1997). Isso porque ele demanda conhecimentos, habilidades e atitudes especiais cujo desenvolvimento deve ser contínuo e requer atenção especial de todos que trabalham na educação e, em especial, dos gestores escolares, que assumem responsabilidades conjuntas de influência sobre tudo o que acontece na escola, para a realização dos objetivos educacionais a que o estabelecimento de ensino se propõe.

Verifica-se que gestores escolares se sentem perplexos e até mesmo imobilizados algumas vezes, sem perceberem uma *"luz no fundo do túnel"*, diante de *"professores que não querem cooperar"*, de *"pais que não compartilham com a escola os mesmos objetivos de formação de seus filhos"*, de *"turmas de alunos que não valorizam os estudos"*, de *"alunos com tantas limitações socioeconômicas e a falta de socialização e nivelamento para aprender, que é difícil trabalhar educacionalmente com eles"*[1]. Diante de depoimentos como estes, é possível afirmar que, toda a vez que um profissional percebeu a realidade desse modo, viu-a reativamente, comprometendo a sua liderança e até mesmo negando-a, pois se sentiu impotente diante das situações e desafios educacionais. Nesse caso, abdicou das responsabilidades seu trabalho de gestão e liderança, deixando-se dominar pelo *status quo*, em vez de influenciá-lo, como seria sua responsabilidade.

---

1. As frases entre aspas, em itálico, representam um grande e variado acervo de depoimentos de diretores e supervisores escolares, coletados em diversas ocasiões de trabalho com esses profissionais de escolas e municípios diversos. Elas ilustram uma percepção no sentido de que as dificuldades são decorrentes de limitações dos outros, sem considerar as próprias atitudes em relação a essa percepção e dificuldades em trabalhar com as situações apontadas. Trata-se de expressões de lugar comum, que demonstram a ausência de entendimento das inerentes responsabilidades do cargo e respectivas funções profissionais e o enfrentamento desses desafios.

Liderança em gestão escolar

Sendo a liderança na escola uma característica inerente à gestão escolar pela qual o gestor mobiliza, orienta e coordena o trabalho de pessoas para aplicarem o melhor de si na realização de ações de caráter sociocultural voltadas para a contínua melhoria da qualidade do ensino e da aprendizagem, ela se assenta sobre uma atitude proativa e pelo entusiasmo e elevadas expectativas do gestor em sua capacidade de influenciar essa atuação e seus resultados. Vale dizer que as condições apresentadas nos depoimentos representam os desafios naturais do seu trabalho, sendo necessário também reconhecer que elas ocorrem, muitas vezes, justamente pela falta de liderança.

O trabalho dos gestores escolares se assenta, pois, sobre sua capacidade de liderança, isto é, de influenciar a atuação de pessoas (professores, funcionários, alunos, pais) para a efetivação dos objetivos educacionais propostos pela escola. Isso porque a gestão se constitui em processo de mobilização e organização do talento humano para atuar coletivamente na promoção de objetivos educacionais. Considerando que a gestão escolar é um processo compartilhado, torna-se necessário também considerar o desdobramento da liderança em coliderança ou liderança compartilhada, pelas quais ocorre o compartilhamento com outros profissionais e até mesmo com alunos, do espaço da tomada de decisões e da oportunidade de interinfluência recíproca de todos os membros da comunidade escolar. Conforme identificado por Halloran (1990), todos os participantes de um grupo social têm o potencial para o exercício da liderança, nos vários grupos sociais dos quais participam, nos quais há sempre oportunidades para o exercício de vários tipos e formas de liderança.

Cabe destacar que a liderança não é uma característica inata das pessoas, embora alguns pareçam ter mais facilidade que outros em exercê-la. Nem tampouco é privilégio de umas poucas pessoas privilegiadas com dons especiais e tampouco, ainda, exclusiva de quem ocupa cargos de direção. Trata-se de um exercício de influência que requer competências específicas, que se desenvolvem continuamente e demandam capacitação continuada no desenvolvimento do profissional para, cada vez melhor e de forma mais consistente, seja capaz de motivar, orientar e coordenar pessoas para trabalhar e aprender colaborativamente. Embora fundamentais para todo educador, e sobretudo para o gestor escolar, verifica-se que grande parte deles é desprovida de habilidades, atitudes e compreensões suficientes e adequadas para o seu exercício de liderança, ou que, mesmo as tendo, falham em aplicá-las adequadamente em seu trabalho. Em decorrência, evidencia-se como imprescindível analisar essas questões e refletir sobre elas, no sentido de promover o desenvolvimento desses componentes da competência profissional, de modo que os gestores possam exercer de forma efetiva o seu trabalho. Sem eles, dificilmente poderão, como profis-

Liderança em gestão escolar

sionais, orientar os processos socioeducacionais para bons resultados. Isso porque, conforme identificado em pesquisas sobre a efetividade da escola, nenhum estabelecimento de ensino alcança efetividade sem liderança efetiva (SAMMONS; HILMAN MOTIMORE, 1997).

Este trabalho visa, pois, contribuir para que gestores escolares orientem sua atenção ao exercício da liderança efetiva em sua própria atuação profissional e na dos membros da comunidade escolar, associado ao desenvolvimento de conhecimentos, habilidades e atitudes, necessários a esse exercício. Também para que promovam em suas escolas a criação de uma cultura escolar orientada para o compartilhamento de uma liderança marcada pelo comprometimento conjunto com os objetivos educacionais, pelo espírito de equipe e proatividade, expressos nos mais diversos ambientes e momentos educacionais, condição fundamental do exercício da cidadania, uma finalidade expressa nos projetos pedagógicos escolares.

Para tanto, este trabalho se propõe levar o leitor a:

1) Compreender o significado da liderança no contexto da gestão escolar.

2) Conhecer características e processos de liderança efetiva no contexto da gestão democrática e participativa.

3) Reconhecer o papel do gestor escolar como líder na realização da gestão da escola.

4) Compreender os objetivos e desdobramentos da liderança na escola.

5) Reconhecer possibilidades e espaços do exercício da liderança.

6) Reconhecer orientações e diretrizes para o exercício da liderança na escola.

O trabalho dos gestores escolares se assenta sobre sua capacidade de liderança, isto é, de influenciar a atuação de pessoas para o trabalho, a aprendizagem e construção de conhecimentos, e tem em vista que a gestão se constitui em processo de mobilização e organização do talento humano para atuar de forma compartilhada na promoção dos objetivos educacionais.

Considerando que a complexidade da educação demanda um trabalho em equipe, colaborativo e integrado, torna-se necessário também considerar o desdobramento da liderança em espaços e momentos de colideranca, vale dizer, o compartilhamento com outros profissionais do espaço e oportunidade de influência sobre todos os membros da comunidade escolar.

Introdução

Conforme indicado em pesquisas sobre a efetividade das escolas, nos mais diversos países e tipos de estabelecimentos de ensino, a liderança na gestão escolar constitui-se em um dos fatores de maior impacto sobre a qualidade dos processos educacionais (e.g. LEITHWOOD; DAY; SAMMONS; HARRIS HOPKINS, 2006; BUSH & GLOVER, 2004; REYNOLDS, 2001). Em vista disso, tem-se amiudado na literatura internacional a ênfase sobre a liderança, associada à gestão escolar. Verifica-se, no entanto, em vários dos artigos e trabalhos sobre a liderança, que o significado desse conceito não é devidamente explicitado, e, muitas vezes, é considerado como subentendido. Como resultado, os conteúdos tratados nesses trabalhos referem-se a ações de gestão escolar propriamente dita, confundindo-se a liderança com ela. Embora, de fato, gestão e liderança se sobreponham e se correspondam amplamente, essa correspondência não é completa, pois, se o fosse, esses termos seriam sinônimos entre si. Conforme será analisado mais adiante, a gestão pressupõe o exercício de liderança, sem a qual não se realiza, porém é mais abrangente que esta.

Liderança em gestão escolar

É fundamental ter em mente que tratar da liderança sem explicitar o seu significado pode resultar em confusão e até mesmo em estabelecimento de uma espécie de modismo, em substituição ao que está posto. Preliminarmente, cabe entender que não é possível haver gestão sem liderança, a qual se constitui em um modo de ser dessa atuação. No entanto, é possível identificar muitas experiências reconhecidas como liderança, sem que correspondam a trabalho de gestão. Como tem sido repercutido em programas de capacitação de gestores educacionais, o interesse em focar a liderança escolar descontextualizada da gestão ou considerando-a como sinônimo desse processo, cabe aqui o alerta especial a respeito.

Posto esse entendimento, e considerando a compreensão de que para atuar a partir de um conceito complexo, como o é o de gestão, é importante ter uma orientação de contínua explicitação de seu significado, de modo a dar mais densidade, consistência e coerência às ações pretendidas na dimensão focada. A partir desse pressuposto, julgamos importante explicitar o significado de liderança e sua relação com a gestão escolar como um conceito dinâmico. Cabe entender, portanto, que qualquer esforço nesse sentido é sempre parcial e incompleto, uma vez que todas as expressões sobre fatos, fenômenos, processos e ideias no contexto da construção sociocultural humana são dinâmicos, complexos e abertos, por se explicitarem a partir da dinâmica dessa construção contínua.

1. A importância da elucidação de significados

Por consequência da dinâmica humano-social citada, a elucidação de significados e conceituação de fatos, fenômenos, processos e ideias é naturalmente marcada pela subjetividade de quem observa, estuda, vive e experiencia a realidade em que se manifestam e expressam, e que, por sua vez, tanto a realidade como sua observação e interpretação são influenciadas pelo momento histórico e paradigmático em que se expressam. Por outro lado, verifica-se que elementos complexos dão margem a vários desdobramentos, a múltiplas expressões e a diversos olhares. Em vista dessa riqueza de possibilidades, eles resultam em conceitos polissêmicos, de múltiplos significados, tornando-se abertos e inspiradores de entendimentos e orientação flexível para ações, compatíveis com o paradigma[2] que norteia a construção do conhecimento e orientação da realidade em vigência.

Portanto, embora para muitos possa causar certa insegurança tratar de questões abertas, como é o caso da liderança, em discussão, é fundamental entender que desejar fixar de forma específica e definitiva um conceito resulta em pretender moldar as ações e ideias a uma forma, de que decorre, por sua

---

2. Ver a respeito o livro: **Gestão educacional: uma questão paradigmática**, da autora, nesta série Cadernos de Gestão, Vol. I.

Liderança em gestão escolar

vez, o empobrecimento de concepções e das ações e seus resultados, pela redução de possibilidades ao observável e definível especificamente. Define-se, dessa forma, a letra e perde-se o espírito inspirador, de efeitos multidimensionais.

2. Tendências de significação de liderança na literatura

A literatura sobre liderança é farta, tendo, durante várias décadas, recebido maior destaque no âmbito da administração de empresas. Recentemente, esse constructo ganhou força no contexto de um ideário de instituições em geral que têm como foco o desenvolvimento humano-social e a aprendizagem. Na educação, em âmbito internacional, está sendo destacada como condição fundamental para determinar a qualidade do ensino e a formação efetiva de seus alunos, daí por que a proliferação de estudos a respeito no contexto educacional. Destaca-se, por exemplo, que há uma relação direta entre a qualidade de liderança dos gestores e a qualidade do ensino e desempenho dos alunos (NCSL, 2002).

Embora haja consenso e consistência universal sobre a importância da liderança na determinação do cumprimento dos objetivos das organizações em geral, o entendimento sobre o seu significado é variado. A literatura sobre a questão apresenta uma diversidade de significados, que podem gerar em quem os coteja uma certa insegurança, sobretudo naque-

Heloísa Lück

les orientados pelo princípio da certeza, segundo o qual haveria uma forma certa e única de determinar significados que, desta forma, se tornam formalizados e são considerados como um valor em si mesmos.

É importante destacar que, constituindo-se a liderança uma expressão emergente em processos socioculturais altamente dinâmicos e tendo neles natural influência ganha colorido diferenciado em diferentes contextos, de acordo com o olhar que se lança sobre ela. Nessa ampla literatura, registram-se, pois, variações em significados, estilos e tipos de liderança, traços de personalidade de líderes, etc. No entanto, verifica-se uma evolução marcante no entendimento desse constructo, a partir de uma transformação paradigmática que altera concomitantemente o sentido de todas as expressões humanas: muda, em cadeia, o sentido de trabalho, do papel de pessoas nas organizações, da educação, da sua organização e orientação, assim como da liderança, de acordo com uma gradual mudança paradigmática[3].

Segundo um novo paradigma, marcado pelo olhar e atuação sensíveis à complexidade da realidade, os significados passam a ter maior abrangência e características holográficas, demandando dos sujeitos maior participação no seu entendimento, o que envolve mui-

---

3. Novamente lembra-se como leitura a respeito: **Gestão educacional: uma questão paradigmática**, desta série Cadernos de Gestão, Vol. I.

Liderança em gestão escolar

to mais um exercício de consciência associadora entre observação crítica de processos sociais e o desenvolvimento de significação para representá-los, do que a fixação formal e racional de conceitos fechados e com valor em si mesmos. Portanto, um maior envolvimento dos atores é necessário na construção do entendimento de significados que, por certo, são importantes, por se reconhecer que o alcance das ações das pessoas está diretamente associado ao entendimento que tenham construído de forma participativa sobre a realidade, e não pelos conceitos formais que dominem.

A partir dessa perspectiva, não se pode desejar um fácil, rápido, reduzido, direto e completo entendimento sobre o significado de liderança. Este trabalho apresenta, pois, perspectivas e possibilidades, no sentido de compreensão sobre a liderança, e seus desdobramentos, objetivando a orientação de esforços voltados para as suas práticas efetivas na gestão da escola. Sua perspectiva é a de influenciar a adoção de práticas de liderança orientadas para a formação de equipes integradas, participativas e empreendedoras na realização dos objetivos educacionais a que a escola se propõe, liderança essa de que muitas de nossas escolas estão tão carentes. Procurar elucidar o seu significado em suas múltiplas possibilidades e, sobretudo, numa perspectiva abrangente poderá contribuir para a abertura de alternativas de atuação mais consistentes e efetivas sobre os destinos da escola e orientação de seu trabalho educacional.

Os profissionais que assumem cargos cujas funções principais tenham como componente principal a liderança, devem, necessariamente, dedicar-se ao estudo, à observação e à reflexão sobre essa liderança, de modo que possam exercê-la de forma competente.

De modo a contribuir para o desenvolvimento da liderança da gestão escolar como promotora de uma cultura educacional proativa, sinérgica e voltada para a aprendizagem, para o desenvolvimento escolar de liderança na escola é importante deixar de tratar a liderança como voltada para ela mesma, como área de estudo e sim como uma perspectiva para analisar as questões educacionais em relação aos contextos em que se expressam, segundo o que as generalizações apresentadas não devem ser consideradas como expressões de conotações normativas e sim como possibilidades reflexivas.

> O ensino de qualidade, orientado para que todos os alunos aprendam o máximo possível, demanda uma cultura escolar onde haja diálogo, confiança, respeito, ética, profissionalismo (fazer bem feito e melhorar sempre), espírito e trabalho de equipe, proatividade, gosto pela aprendizagem, equidade, entusiasmo, expectativas elevadas, autenticidade, amor pelo trabalho, empatia, dentre outros aspectos. Estes são, por certo, componentes a partir do qual se realiza a liderança no ambiente escolar.

1
A explicitação do significado de liderança

Explicitar o significado de liderança depende da perspectiva adotada para analisar as suas expressões no âmbito das organizações e grupos sociais. Estudos sistemáticos têm sido realizados a respeito, desde a década de 1950, até a atual, registrando-se enfoques e perspectivas diferentes. Katz e Kahn, em seu trabalho clássico, publicado em 1966, sobre *A psicologia social das organizações*[4], indicaram que se trata do termo mais usado no âmbito das organizações e que, talvez, nenhum outro termo tenha sido utilizado com tão grande variedade de significado, a partir de uma profusa variedade de publicações. Quase quarenta anos depois, este fato continua sendo identificado (e.g. BUSH & GLOVER, 2003; BISCAIA, 2007), o que traduz a complexidade do que se está a tratar.

A partir de uma ampla pesquisa da literatura internacional sobre a questão, Bush e Glover (2003)

---

4. Entre nós essa publicação foi feita pela Editora Atlas, em 1974, com republicações em outras datas.

Liderança em gestão escolar

documentam esse fato, reproduzindo afirmativa de Yukl (2002), no sentido de que qualquer esforço para definir liderança é arbitrário e subjetivo. O que se observa é que, a partir de cada estudo e pesquisa a respeito, tem-se uma nova perspectiva, um novo desdobramento desse importante processo de gestão, multiplicando-se e aprofundando-se, dessa forma, pelo enriquecimento da compreensão, as possibilidades de uma ação de liderança mais consistente e efetiva. Portanto, evidencia-se como importante, para a compreensão do significado de liderança, muito mais a identificação de seus desdobramentos, do que sua redução a alguns pontos comuns.

Sem pretender estabelecer uma redução, mas sim identificar um ponto básico entre as várias perspectivas, os diferentes estudiosos registram que, apesar da diversidade registrada, a revisão de literatura permite identificar certos elementos básicos e comuns às práticas de liderança efetiva, independentemente do contexto e situação com que se expresse, ou da perspectiva com que se olhe. Em vista disso, é importante realizar diferentes leituras a respeito e, ao mesmo tempo, cabe ao interessado nessa compreensão fazer o registro de seus elementos comuns. Ao fazê-lo, o importante não é fixar uma posição como definitiva e única aceitável e correta, mas de identificar tanto elementos comuns em todas as práticas efetivas, como possibilidades de uma compreensão abrangente e promissora para orientar o trabalho complexo de gestão.

Alguns elementos emergem como características comuns de atuações de liderança efetiva e que, portanto, compõem o seu significado:

- Influência sobre pessoas, a partir de sua motivação para uma atividade.
- Propósitos claros de orientação, assumidos por essas pessoas.
- Processos sociais dinâmicos, interativos e participativos.
- Modelagem de valores educacionais elevados.
- Orientação para o desenvolvimento e aprendizagem contínuos.

Podemos, pois, a partir desses componentes, conceituar liderança como sendo o processo de influência, realizado no âmbito da gestão de pessoas e de processos sociais, no sentido de mobilização de seu talento e esforços, orientado por uma visão clara e abrangente da organização em que se situa e de objetivos que deva realizar, com a perspectiva da melhoria contínua da própria organização, de seus processos e das pessoas envolvidas. Esses elementos serão posteriormente retomados em uma outra unidade.

Segundo essa linha apontada, Sergiovanni (1995) aponta que a liderança é o processo pelo qual se desencadeiam ações orientadas por um sentido claro de direção (objetivos entendidos ampla e claramente), qualificados por valores elevados, apresentados no desempenho dos líderes (modelagem). A modelagem

Liderança em gestão escolar

baseia-se no entendimento de que ocorre uma emulação do comportamento das pessoas que se destacam e ela ocorre positivamente, mediante a demonstração de práticas e atitudes em acordo com os princípios do desenvolvimento, da proatividade, do compromisso com a realização de objetivos elevados e da competência em realizá-los, que se constituem uma das marcas básicas da liderança (NCSL, 2005).

Vergara (2000) evidencia no processo de liderança a influência sobre a motivação de pessoas, individualmente e em grupos, para a realização da missão, da visão e dos objetivos organizacionais. Esse aspecto central da liderança refere-se, por certo, à mobilização do talento e energia humanos em processos sociais para realizar algo mais, para transcender, para ir além do que se é e do que se faz comumente. Portanto, não constitui a mobilização da força do trabalho para a rotina e a reprodução, o trabalho burocrático e a mesmice.

Pode-se dizer, mediante uma imagem analógica, que liderança corresponde não apenas a um processo de inspiração, pela influência de um líder, mas expiração, pela atuação motivada de um sujeito que se inspira e atua em acordo com essa inspiração. Da combinação entre inspiração e expiração ter-se-ia a respiração que constitui condição fundamental de vida. É mediante essa compreensão que se observa o fato de a liderança constituir-se em um conceito relacional, implicando dois tipos de atores interdependentes e intimamente relacionados, de tal modo que um não existe sem o outro: o agente influenciador e os sujeitos influenciados (KATZ & KAHN, 1978), ocupando papéis que podem intercambiar-se entre si. Voltaremos mais adiante a essa questão.

Liderança é, pois, um conceito complexo que abrange um conjunto de comportamentos, atitudes e ações voltado para influenciar pessoas e produzir resultados, levando em consideração a dinâmica das organizações sociais e do relacionamento interpessoal e intergrupal no seu contexto, superando ambiguidades, contradições, tensões, dilemas que necessitam ser mediados à luz de objetivos organizacionais elevados. Com relação a essa prática pelo diretor escolar, amplos estudos têm indicado que, no enfrentamento dos inúmeros dilemas, ambivalências, tensões e dificuldades por ele enfrentados, o seu sucesso se assenta sobre seu entusiasmo proativo, orientado por valores educacionais consistentes e sólidos, tendo como foco o desenvolvimento de uma cultura de aprendizagem significativa na escola (REYNOLDS, 2001).

Em Lück, Freitas, Girling e Keith (2006, p. 33), liderança é descrita como sendo

> um conjunto de fatores associados, como, por exemplo, a dedicação, a visão, os valores, o entusiasmo, a competência e a integridade expressos por uma pessoa que inspira os outros a trabalharem conjuntamente para atingirem objetivos e metas coletivos e se

Liderança em gestão escolar

traduz na capacidade de influenciar positivamente os grupos e inspirá-los a se unirem em ações comuns coordenadas.

A enciclopédia eletrônica *Wikipédia* (www.wikipedia.org) apresenta várias perspectivas para a sua compreensão desse constructo, de acordo com épocas, contextos e enfoques diferenciados. Ela enfoca: a) liderança associada a posições de autoridade e à estrutura de organizações e b) liderança como comportamento. De modo semelhante, porém mais amplo, Katz e Kahn (1978), em seu famoso e influente trabalho, já mencionado, sobre *A psicologia social das organizações*, apontaram três significados principais da liderança: i) como um atributo da posição ocupada pela pessoa em uma organização, ii) como um conjunto de características da personalidade da pessoa e iii) como uma categoria de comportamento. Essas posições são explicitadas a seguir e retomadas na unidade seguinte deste trabalho, em associação a uma revisão sobre diferentes teorias de liderança, cada uma orientada por uma das perspectivas apontadas.

Nas tradicionais estruturas hierarquizadas, ainda existentes entre nós, apesar dos esforços em mudá-las, a liderança estaria exclusivamente associada à ocupação de um cargo. A liderança seria explicitada no cargo e na autoridade correspondente. Desse modo, a ocupação do cargo é que determinaria a liderança e não a competência necessária para ocupá-lo. Nesse caso, esperar-se-ia, por exemplo, que os chefes e dirigentes fossem os líderes e os demais participantes da organização fossem seguidores. De acordo com a complexidade dessas organizações, ter-se-iam níveis diferentes e hierarquizados de liderança, de acordo com os níveis de chefia e de responsabilidade. Verifica-se que a ocupação de cargo ou responsabilidade formal por funções permite a necessária institucionalização da liderança e supera a sua eventualidade e informalidade, de resultados muitas vezes efêmeros e inconsistentes. Ao mesmo tempo, legitima e organiza o exercício de um determinado poder de influência. Porém, é importante ter em mente que "líder é aquele que é seguido, mesmo não dispondo de qualquer autoridade estatutária, porque consegue ser aceito e respeitado, unindo e representando o grupo na realização dos anseios comuns" (FARIA, 1982, p. 4).

Alguns questionamentos surgem, no entanto, desse enfoque. O primeiro deles diz respeito à compreensão de que, em grande parte, é a posição ocupada que determina a capacidade de influência no desempenho de pessoas, independentemente do desempenho e comportamento de quem a ocupa. Como é possível verificar a ocorrência de resultados diferentes em condições semelhantes de trabalho, dirigidas por pessoas ocupando a mesma posição de chefia? Conclui-se ser esse entendimento questionável. Segundo esta linha de observação, conclui-se

Liderança em gestão escolar

que, quando uma pessoa promove a influência sobre o desempenho de outra(s) tendo como base para isso o seu cargo como fator de influência, tal fato não deveria ser considerado como liderança, já que esse desempenho tenderia a estar mais associado ao controle ou manipulação do que à motivação e conscientização, elementos fundamentais da liderança. Naquela estruturação organizacional e respectiva liderança, cerceia-se a iniciativa e criatividade, como também a emergência de comportamentos de liderança naturais na expressão de diferentes talentos que, certamente, existiriam na organização e que seriam imprescindíveis em todo contexto organizacional dinâmico e flexível, como deve ser a escola, em sua necessária integração com a sociedade, para comportar e promover um processo educacional coerente com as necessidades de formação aberta de seus alunos.

Segundo esse modelo, o que se tem é também uma centralização de responsabilidade na chefia e uma desresponsabilização dos demais sujeitos pelos resultados obtidos, sejam favoráveis, sejam desfavoráveis. Aos líderes, caberia, nesse caso, tomar as decisões e inspirar aos seguidores, no âmbito de sua responsabilidade, a agirem para implementar as decisões tomadas em âmbito central. Gera-se, nesse caso, o comportamento, infelizmente, ainda, não muito incomum, de transferência de responsabilidade, que podemos identificar em inúmeras de nossas escolas, a respeito das dificuldades de aprendizagem de seus alunos, da integração família-escola, da superação dos desafios de gestão escolar e demais desafios que a escola enfrenta.

As estruturas hierárquicas, em geral burocratizadas, no entanto, tendem a se transformar e a desaparecer, tendo em vista sua inabilidade em fazer face às novas e rapidamente mutáveis circunstâncias do mundo atual (www.wikipedia.org/wiki/leadership). Podemos observar, no entanto, que embora as organizações sociais tenham mudado e haja uma vontade explícita de seus membros, de acordo com os princípios de organizações democráticas, em participar na tomada de decisões, que corresponde ao compartilhamento de responsabilidades, ainda se verifica, em muitas escolas, comportamentos de transferência de responsabilidade, exemplificados em expressões como: "os alunos não aprendem porque vêm de ambiente socioeconômico precário, sem as necessárias estimulações e condições de apoio"; "a escola não pode fazer melhor porque faltam recursos"; "os pais das crianças que necessitam de apoio são aqueles que não participam quando a escola convida".

Nas estruturas democráticas, por outro lado, as decisões são tomadas com a participação dos membros da organização, de forma compartilhada, o que pressupõe o compartilhamento da liderança. Trata-se, nesse caso, de uma liderança distribuída, embora sendo orientada e balizada pelo responsável pela or-

Liderança em gestão escolar

ganização. É possível, no entanto, verificar a ocorrência de estruturas hierarquizadas em escolas em que há muita cobrança de ações, sem no entanto haver a liderança para se viver valores educacionais adequados, agir de modo a melhorar os processos educacionais de forma articulada para que os alunos tenham uma melhor formação e aprendizagem significativa. Há ainda escolas em que o diretor se ocupa, a maior parte do tempo, com questões operacionais secundárias[5], à margem do que é central para a formação dos alunos e sua aprendizagem, mas onde alguns professores mais conscientes de suas responsabilidades lideram informalmente determinados grupos nesse processo.

Pode-se afirmar, pois, que considerar a liderança em associação exclusiva à estrutura organizacional corresponde a uma contaminação do conceito, com elementos que não lhe são próprios. Embora a estrutura possa condicionar comportamentos de liderança, não corresponde a essa atuação. Considerando a liderança como a capacidade de influenciar pessoas e seus comportamentos, seria necessário considerar a competência e o que fazem os dirigentes na determinação do nível de liderança e do seu impac-

---

5. Segundo o princípio de Pareto, gastamos 80% do nosso tempo nos dedicando a coisas que não têm 80% de importância, restando-nos, em consequência, 20% do tempo para fazermos coisas que têm 80% de importância.

to sobre as pessoas, e não apenas a posição ocupada em uma estrutura. Corroborando com esta conclusão, a literatura identifica casos de pessoas não ocupantes de cargos formais que contribuíram para alterar o destino de suas organizações a partir de sua liderança. Identifica ainda que há situações em que a influência dos pares é mais facilmente aceitável do que a dos superiores.

Ao tratarmos das teorias de liderança, mais desdobramentos dessas manifestações de liderança serão retomados em relação à liderança autoritária e liderança democrática.

> "Nós somos responsáveis pela maneira como nos deixamos liderar. Não depende apenas do líder, mas sempre também do liderado, que espécie de liderança aceitará" (GRÜN, 2006, p. 105).
>
> Portanto, líderes e liderados se complementam, não existindo liderança sem a participação de quem seja mobilizado a aceitá-la.

1.1. Dimensões da liderança expressas em uma nova adjetivação

Na evolução do significado de liderança, identifica-se a ocorrência de diferentes enfoques, em resposta à necessidade de atualização das organizações, para vencer novos desafios. Conforme indicado por Fernandes (2001, p. 19), no novo século, cabe "descobrir novos caminhos para a construção de um

Liderança em gestão escolar

mundo mais promissor, que possa evoluir de forma humana, considerados os recentes paradigmas holístico e ecológico". Tendo em vista essa condição e as possibilidades de a liderança se desdobrar em vários enfoques, em acordo com um paradigma orientado pela flexibilidade, esse termo tem recebido novos adjetivos, decorrentes de ênfases diferenciadas atribuídas ao trabalho de liderança, que é analisado e interpretado em observância aos resultados pretendidos na cultura organizacional aberta para enfrentar novos desafios de forma efetiva. Portanto, a liderança tem sido adjetivada, segundo a tendência e influência maior nela reconhecida ou a ela atribuída, isto é, a uma de suas dimensões, dentre as muitas possíveis. Desse modo, identifica-se na literatura mais recente a liderança transformacional, liderança transacional, liderança compartilhada, coliderança e liderança educativa, liderança centrada na aprendizagem, dentre outras.

Antes de iniciar o comentário sobre elas, é importante destacar que todos os aspectos e dimensões de uma realidade não têm existência e subsistência própria e que se inter-relacionam e se sobrepõem em sua expressão. Toda e qualquer separação constitui-se, portanto, em uma artificialização da realidade, criando-se um campo conceitual cujo papel é o de ajudar a compreender parcialmente a realidade, isto é, sem representá-la plenamente. Não deve, portanto, ter um valor em si mesmo, nem vida própria, conforme propõem alguns acadêmicos. Logo, o importante para conhecer a realidade não é estudar a separação dos elementos, e sim procurar compreendê-los em sua expressão e interação na realidade.

Liderança transformacional

A liderança transformacional consiste na liderança orientada fortemente por valores, integridade, confiança e um sentido de verdade, comungado por todos em uma organização, que oferecem uma visão transformadora de processos sociais e da organização como um todo. A transformação, diferentemente da inovação, constitui a mudança do modo de ser e de fazer das organizações, incluindo nela práticas, processos, organização do trabalho, interações de pessoas, seu papel, etc. Ela se realiza pela criação de um novo e mais abrangente estágio de consciência dos envolvidos, baseada nas forças internas da organização.

Dada a sua abrangência, complexidade e dinâmica, as transformações são dificilmente observáveis a curto prazo, podendo, neste caso, muitas vezes, apenas ser percebidas pelos diretamente envolvidos, que as expressam em seus depoimentos. A médio e longo prazos a avaliação da efetividade dessa liderança depende de julgamentos qualitativos realizados em associação com o contexto em que se expressa. Essa complexidade e dinâmica tornam as transformações difíceis de ser observadas, em vista do que

Liderança em gestão escolar

pouca atenção é dada a essa liderança, apesar de sua importância.

No entanto, é possível registrar inúmeros relatos de dirigentes escolares e professores indicando a ocorrência de uma transformação radical em suas práticas, promotora de um novo estágio de consciência, ocorrida, muitas vezes, pela necessidade de as escolas terem de dar conta, sozinhas, dos seus problemas e desafios, sem o necessário apoio dos sistemas de ensino. Muitas vezes, no entanto, tais transformações não se sustentam, por muito tempo, havendo uma recaída a estágios anteriores de resposta aos problemas e desafios, o que ocorre, sobretudo, pela prática de liderança carismática que, embora fortemente mobilizadora, deixa de ser transformadora.

Liderança transacional

A liderança transacional focaliza muito mais as interações das pessoas e estilos de relacionamento mantidos por elas, como forma de promover a unidade da organização e melhores condições de realização de seus objetivos. Como a educação é considerada como sendo processo de relacionamento interpessoal, sem o qual a mesma não ocorre (ROGERS, 1972), o cuidado com esse relacionamento, com a sua distribuição e frequência é, portanto, percebido como fundamental.

Portanto, essa liderança procura influir no conjunto das relações entre todas as pessoas participantes da comunidade escolar, mobilizando-as para trocar experiências e ideias, a aprender em conjunto e a se articularem na proposição e realização de linhas comuns de ação. O seu sucesso é avaliado, restritamente, pelo número de pessoas mobilizadas, assim como as interações que realizam na dinamização dos processos sociais. Mais amplamente, ele é observado pela qualidade das interações em relação aos objetivos e à filosofia educacional. Essa liderança parece enfocar mais os processos e episódios de interação, tomando os resultados como consequência.

Porém, é importante destacar que não são as interações em si que são importantes e sim a qualidade do empreendimento interpessoal garantido por interações positivas e adequadas aos objetivos de desenvolvimento. No empreendimento educacional, as pessoas é que são importantes e fazem a diferença. Elas representam o que há de melhor no trabalho educacional, pois apenas a partir delas é que a educação é possível, pressuposto orientador da afirmativa de Carl Rogers, no sentido de que educação é processo de relacionamento interpessoal. É por este motivo que o computador pode apenas ser utilizado como complemento do processo de instrução, facilitando a compreensão de informações, mas nunca ser um substituto do papel do professor no desenvolvimento de habilidades cognitivas complexas, na com-

Liderança em gestão escolar

preensão pelos alunos da dinâmica do mundo e de si mesmos no mundo.

Liderança compartilhada

A **liderança compartilhada,** também indicada como **liderança distribuída,** situa-se no contexto das organizações de gestão democrática, em que a tomada de decisão é disseminada e compartilhada pelos participantes da comunidade escolar, e em que as pessoas têm liberdade e sentem-se à vontade para agir criativamente, a fim de promoverem a realização dos objetivos da organização.

Na escola, onde a gestão democrática não é apenas uma necessidade, dada a complexidade dos objetivos educacionais, mas também um mandato constitucional, o desenvolvimento da liderança compartilhada torna-se imprescindível. Considerando que a educação tem por objetivo promover o desenvolvimento de capacidades para o exercício de cidadania e que este exercício é intimamente dependente da capacidade de assumir liderança diante das problemáticas sociais, envolver os alunos no exercício da liderança compartilhada deve ser um cuidado importante no trabalho de gestão escolar[6].

---

6. Essa liderança de alunos deve ocorrer e ser estimulada não apenas mediante a atuação de grêmios estudantis, mas também na participação em comitês, projetos e atividades diversas. A revista **Gestão em Rede**, uma publicação do Consed, divulga frequentemente experiências altamente positivas de escolas, nesse sentido.

Sabe-se que a liderança dos gestores escolares deve ser orientada no sentido de influenciar o desempenho de todos que atuam na escola na promoção da melhoria do ensino e elevação da aprendizagem dos alunos, que consiste no fim último da liderança na gestão escolar. No entanto, grande parte dos participantes da comunidade só podem fazê-lo indiretamente, uma vez que, quem está em condições de exercer essa influência, diretamente, são os professores (NCSL, 2006), daí por que a relevância de que estes sejam plenamente envolvidos no compartilhamento da liderança em todos os espaços e momentos educacionais.

Muito embora apareça na literatura a concepção da liderança compartilhada representada também pela expressão coliderança, consideramos que esta tem sua especificidade, demandando uma explicitação diferenciada.

Coliderança

A coliderança é sobretudo exercida entre os profissionais da equipe de gestão da escola, como, por exemplo, vice-diretores ou diretores auxiliares, coordenadores pedagógicos ou outros, conforme as definições adotadas para estes profissionais, nos diferentes sistemas de ensino. Necessariamente, estes profissionais exercem formalmente responsabilidades pela liderança geral da escola, a fim de que esta atinja os objetivos.

Liderança em gestão escolar

Essa coliderança se realiza a partir do princípio de que como as responsabilidades e funções dos diferentes cargos de gestão escolar se sobrepõem, o mesmo, por decorrência, ocorrendo, em relação à liderança, o que demanda uma articulação especial desses profissionais e o desenvolvimento de habilidades especiais.

Cabe destacar que a liderança compartilhada e a coliderança, para serem efetivas, necessitam ser exercidas a partir do entendimento e orientação baseada na visão e missão da escola, nos seus objetivos formadores e valores orientadores de ação. Isto é, essa liderança se legitima a partir dessa compreensão comum, liderada, por sua vez, pelos membros instituídos nos cargos e funções formais de liderança escolar, que são a direção, a supervisão pedagógica e a orientação educacional, atuando integradamente (LÜCK, 2006b). Em vista disso, tanto a liderança compartilhada como a coliderança não se expressam em revelia e ao contrário de uma liderança central, mas em articulação com ela, a partir dos propósitos comuns, num contínuo processo de diálogo e de mediação. Para garantir essa articulação e os bons resultados da liderança compartilhada e da coliderança, cabe aos responsáveis formais pela liderança na escola agir no sentido de que elas sejam: i) *desenvolvidas*, mediante a oportunidade do seu exercício, sem receio de perder espaço ou poder; ii) *coordenadas*, pois a liderança exercida por muitas pessoas, sem coordenação, pode resultar em uma desorientação, dado o risco de se perder o eixo e o foco central das ações; e iii) *responsáveis*, uma vez que todos e cada um que atua na escola devem prestar contas de seus atos, em relação à sua contribuição para o bom funcionamento da escola voltado para a aprendizagem dos alunos.

A importância da gestão compartilhada e da coliderança se destaca a partir da compreensão de que a liderança é um processo e não uma posição ou cargo, embora a eles possa estar associada. Os conteúdos da liderança variam ativamente, segundo a dinâmica do contexto onde se expressa, dinâmica essa acionada pela própria liderança. Observa-se facilmente que esse conteúdo varia de um tipo de escola para outro, de um espaço para outro e de um momento para outro. Em vista disso, uma pessoa não consegue exercer, efetivamente, a liderança em todos os momentos, aspectos e espaços. Ela pode exercer a liderança num momento e não noutro, em decorrência de uma série de fatores, sejam pessoais, sejam contextuais. Pela coliderança e liderança compartilhada, os espaços vazios deixados por uma pessoa poderão legitimamente ser ocupados por outra a partir dos princípios de gestão compartilhada e responsabilidade conjunta pelos resultados de formação e aprendizagem dos alunos.

Liderança em gestão escolar

Liderança educativa

A liderança educativa é centrada na formação de organizações de aprendizagem e entendida como fundamental na orientação de organizações no sentido de seu estabelecimento como organizações que aprendem. Essa tem sido uma demanda para todas as organizações na sociedade atual, marcada pelo conhecimento e pela tecnologia da informação. É farta a literatura sobre a questão (e.g. SENGE, 1995; WICK & LEÓN, 1997; FULLAN & HARGREAVES, 2000). Como transformar organizações implementadoras de ações em organizações que aprendem, enquanto promovem os resultados pretendidos, constitui-se, portanto, em um novo desafio para as organizações (LÜCK, 2002) e uma nova orientação para os seus dirigentes (FERNANDES, 2001). Desenvolver essa capacidade de orientar a aprendizagem no trabalho é, portanto, a expressão da liderança educativa (DUIGAN & McPHERSON, segundo DAY & HARRIS, 2001).

Essa liderança se expressa em três expressões importantes na determinação de seus efeitos (NCSL, 2005): i) *modelagem*, pela utilização do exemplo, segundo o princípio de que "as palavras movem, mas o gesto arrasta"; ii) *monitoramento*, pelo acompanhamento, a observação, a presença orientadora e o *feedback* dado ao trabalho; e iii) *diálogo*, pela oportunidade de expressão, construção conjunta de significados, troca de experiências e ideias.

Especificamente nas escolas, a liderança centrada na aprendizagem não apenas se orienta por promover a aprendizagem dos profissionais enquanto trabalham (capacitação em serviço), como também acompanham de perto o próprio processo de aprendizagem dos alunos, que se constitui no objetivo de todas as ações da escola. Dessa forma, essa liderança focaliza o que acontece na sala de aula, onde os alunos recebem o mais constante e intenso impacto sobre sua aprendizagem. Portanto, nesse espaço ocorre o foco mais importante da ação de gestores escolares, demandando, por conseguinte, deles a presença, a observação, o acompanhamento e o *feedback* aos processos pedagógicos que aí ocorrem.

Na escola, como uma organização de aprendizagem, o líder promoveria a reflexão diária sobre questões como: O que aprendemos hoje, observando a relação ensino-aprendizagem e analisando o próprio desempenho? Como podemos utilizar a aprendizagem na melhoria desse processo? O que mais poderíamos ter aprendido? Como podemos aperfeiçoar os processos de melhoramento da aprendizagem concomitantemente com os de intervenção?

Liderança integradora ou liderança holística

Trata-se de outras adjetivações que nos ocorrem para o esforço de liderar pessoas, levando em consideração não apenas este ou aquele aspecto da realidade, mas o conjunto de todos eles, de forma inte-

Liderança em gestão escolar

rativa, de modo a se ter um desenvolvimento ao mesmo tempo global e equilibrado, levando em consideração, por exemplo, as condições ambientais e contextuais, os fatores individuais, os objetivos organizacionais, sua visão, missão e valores, os desafios apresentados na realização do trabalho educacional, etc.

O princípio norteador da liderança integradora ou holística é o de que o trabalho educacional, assim como todo processo sociocultural, se realiza "numa teia dinâmica de eventos inter-relacionados" (FERNANDES, 2001, p. 103), cuja consistência influencia o funcionamento do todo. Não são as pessoas, as ações e os elementos isolados que fazem a diferença, e sim o conjunto deles todos, em processos interatuantes que determinam o curso das realizações, dos eventos e seus resultados. Os gestores que agem segundo essa liderança são capazes de ver o conjunto, situando os indivíduos, os casos específicos, as situações aparentemente isoladas, nesse conjunto, de modo a garantir a maior efetividade do conjunto.

> A dinâmica e a interatividade de todas as dimensões e aspectos que constituem a dinâmica dos processos socioeducacionais que ocorrem na escola deve ser o foco de sua liderança. Em vista disso, em vez de se procurar ver como um aspecto se destaca em relação aos demais, seja em intensidade ou em frequência, o mais importante é procurar ver e estabelecer a relação de todos em conjunto, deste modo estabelecendo ações de liderança de efeito abrangente e consistente.

1.2. Aspectos relacionados à liderança

Como um termo representativo de uma realidade complexa, a liderança é associada a uma série de outros termos, cuja relação com a liderança vale a pena apontar, de modo a explorar seus desdobramentos em situações e condições variadas. A relação entre liderança e poder, liderança e desenvolvimento e liderança e contrôle é a seguir examinada.

Liderança e poder

Liderança implica uma relação de influência sobre pessoas, organizações, seus processos sociais e os resultados de sua atuação. Por consequência, implica uma relação de poder. Porém, não se deve confundir liderança com poder, pois este pode ser exercido mediante manipulação, coerção e medo e não mediante o exercício de liderança, que pressupõe uma influência orientadora, estimuladora, motivadora, inspiradora e conscientizadora.

O poder da liderança implica na mobilização de forças motivacionais pelas quais as pessoas que realizam um trabalho se identificam com ele, reconhecem a sua relevância e percebem que ganham em importância social e desenvolvem seu potencial, ao realizarem o trabalho. Essa motivação, por certo, está associada à possibilidade da criatividade e da iniciativa que somente ocorrem em tipos de trabalho que extrapolam os parâmetros rígidos de execução, criam novas condições de atuação, desenvolvem novas perspectivas de realização e, desse modo, promovem uma

Liderança em gestão escolar

situação de empoderamento geral. O poder mais efetivo é, sem dúvida, o distribuído, que se caracteriza como poder efetivamente construtor e de grande efeito multiplicador. Destaca-se, enfim, que o poder que não constrói, destrói a si mesmo, por sua existência efêmera e sem condições de sustentabilidade.

Pessoas que ocupam determinadas posições detêm, naturalmente, um poder legítimo de influência inerente à sua responsabilidade na realização dos objetivos, e resultados que sua unidade de trabalho deve promover. Não exercer essa liderança representa, por certo, o nãocumprimento de suas responsabilidades. É possível identificar que alguns diretores escolares utilizam plenamente o espaço e posição que ocupam para promover a transformação das práticas educacionais de suas escolas, enquanto outros, inadequadamente, sucumbem às influências orientadas por interesses pessoais, corporativos, ao medo da mudança, à acomodação e reatividade, tornando-se eles mesmos reativos, conforme constatado na introdução deste trabalho.

Nesse caso, o diretor da escola se omite em utilizar o poder[7] que detém e, portanto, deixa de exercer a liderança inerente a seu cargo. Essa situação é exem-

---

7. Sobre formas de exercício do poder e seu papel na escola, ver o Vol. III desta Série Cadernos de Gestão, sobre **A gestão participativa na escola**, p. 99-121.

plificada no depoimento de um diretor escolar em curso sobre gestão participativa e desenvolvimento de equipe, promovido pela autora: *"Isso tudo é muito bonito, mas não ocorre nas escolas: os professores não trabalham em equipe e não estão nem aí para trabalhar colaborativamente. Como então isso pode ocorrer? Não há condições."* É necessário lembrar que transformar esta situação é justamente a responsabilidade dos diretores a ser assumida pelo reconhecimento do desafio de liderança. Diante de expressões reativas, tais como a que foi apresentada, o que se apresenta é uma total abdicação de tais responsabilidades, vale dizer, do poder de influência, e até mesmo o entendimento de que o papel do diretor seria o de controlar a existência de problemas – que de preferência não deveriam ocorrer – em vez de acolhê-los, quando ocorrem, aceitá-los, compreendê-los em suas motivações e atuar de forma inteligente para superá-los.

Deixar de exercer o poder de influência quando ele se faz necessário corresponde a enfraquecer o poder de todos, uma vez que a organização fica ao sabor de suas fraquezas, de suas tendências de acomodação e dos interesses imediatistas e individuais que enfraquecem o conjunto e deixam de oferecer uma orientação superadora das dificuldades.

Fundamental nessa reflexão sobre a relação entre liderança e poder é compreender que, segundo o conceito de gestão democrática e participativa, a li-

Liderança em gestão escolar

derança na escola deve ser promovida de modo que ocorra o empoderamento geral das pessoas que fazem parte do contexto da escola, o que pressupõe a descentralização do poder e o exercício da liderança compartilhada. O princípio por trás dessa prática é o de que poder disseminado é poder multiplicado.

Liderança e desenvolvimento

A literatura sobre liderança em organizações identifica que ela constitui uma atuação exercida em seu contexto, visando influenciar o desempenho voltado para a inovação, a criatividade, a transformação, o desenvolvimento. Desse modo, não seria entendido como uma liderança a atuação que se propõe a estabelecer a conformidade, a reprodução e a rotinização, que são voltadas para a conservação e a manutenção do *status quo*. A liderança pressupõe ir além das necessárias rotinas e padronizações do trabalho que apenas determinam os padrões mínimos a serem cumpridos por todos que fazem parte de um sistema.

Considerando, por outro lado, a necessidade do cumprimento de padrões mínimos comuns, reconhece-se que a criatividade, a inovação, a transformação e a superação da rotinização devem estar voltadas para além dos padrões básicos definidos, isto é, para a superação, e não para a contradição e negação desses padrões. A esse respeito é importante considerar e analisar os falsos entendimentos sobre autonomia e democracia como a possibilidade legitimada de se fazer o que se deseja ou de não se fazer o

Heloísa Lück

que não se deseja, em desrespeito ao atendimento às necessidades de desenvolvimento da escola e da qualidade do ensino, necessários para que os seus alunos possam alcançar níveis elevados de aprendizagem e formação, conforme merecem e precisam (LÜCK, 2007).

Liderança e controle

O controle pressupõe a existência de parâmetros básicos e a especificação precisa de desempenhos a serem seguidos, necessários para a garantia de atingimento, por todos, de níveis básicos de qualidade em um sistema de ensino. Esse controle tem como objetivo a verificação da medida em que são promovidos sob pena de os resultados pretendidos não serem obtidos, sem contudo apontar para a atitude de se ficar satisfeito com eles[8].

---

8. Observa-se na educação brasileira que estamos longe de levar os nossos alunos a aprenderem pelo menos os padrões básicos de domínio da língua pátria e do raciocínio matemático, fundamentais para todas as demais aprendizagens e para a atuação efetiva na vida. Dirigentes de sistemas estaduais de ensino se vangloriam que, nos exames nacionais do Saeb e do Prova Brasil, seu Estado aparece entre os primeiros, nos resultados desses exames ou que subiram algumas posições na escala classificatória dos estados, quando na verdade os resultados indicam um baixo domínio das aprendizagens avaliadas por todos. O que tem ocorrido é, sobretudo, uma alteração de posições entre os estados, sem melhoria de níveis de aprendizagem no conjunto. E mais, os resultados indicam uma depreciação desses resultados absolutos em geral.

Liderança em gestão escolar

A observância de padrões básicos de desempenho constitui um cuidado importantíssimo em todo tipo de trabalho. Por exemplo, numa secretaria de escola deve haver especificações e normas a respeito do registro, manuseio e arquivamento de documentos, organização e utilização de dados, etc., sem o que a secretaria poderá falhar em suas funções. O mesmo pode ocorrer em relação aos serviços de merenda escolar, que demandam certos procedimentos sistemáticos, a fim de que a qualidade dos alimentos seja garantida. Na aprendizagem da leitura e da matemática, por exemplo, há também padrões básicos de desempenho para cada nível de escolaridade, tais como os medidos pela Prova Brasil e pelo Enem. No entanto, a mesma precisão não é possível em relação às ações relacionadas à orientação dos processos sociais e à orientação da aprendizagem significativa nesse aspecto, dada a sua natureza dinâmica.

Nesse caso, querer reduzir o desempenho à verificação específica de certos comportamentos previamente definidos controlando-os, representaria, possivelmente, derrotar, de plano, os efeitos educacionais do processo, que pressupõe, mediante o desenvolvimento da capacidade de observação, reflexão e raciocínio, a superação dos padrões básicos que, por certo, são insuficientes para a aprendizagem plena a que todos os alunos deveriam ser orientados. No entanto, é importante entender que a pesquisa educacional tem identificado, em relação a esses processos sociais e educacionais, que há certos elementos comuns nas experiências de sucesso, o que leva a entender que a sua adoção regular em outros contextos, sob a forma de quadros de referência e *check-lists* de desempenho, oferece parâmetros básicos para orientar a realização de experiências de sucesso.

Em vista disso, mediante a sua adoção por escolas, como princípios de ação pela direção e supervisão pedagógica, esses elementos passam a ser implementados como certos elementos de controle. Ao fazê-lo, no entanto, é importante que os gestores cuidem para não sucumbir ao controle pelo controle, de caráter administrativo e sem nenhum espírito de liderança e inspiração. Para além do controle, que visa, sobremodo, a garantia dos padrões básicos de desempenho, é necessária a estimulação ao alcance de maiores, mais amplos, novos e mais avançados resultados. Portanto, ao serem realizadas as práticas de controle, é fundamental associá-las ao diálogo, ao *feedback*, à orientação e à autorreflexão, como forma de inspiração e de conscientização, de modo que se entenda que o espírito é maior e mais importante do que a letra, isto é, que o controle dos parâmetros básicos de desempenho é apenas a base mínima sobre a qual se devem promover maiores realizações.

Verifica-se que controle se torna negativo quando associado a punição e a premiação ou, ainda, a manipulação cerceadora. Vale dizer que é possível haver liderança com controle quando os envolvidos na ação

Liderança em gestão escolar

são também envolvidos na análise de desempenho e decisões a respeito dele, desta forma tornando-se capazes de exercer o autocontrole. Porém, quando ocorre controle sem esse envolvimento, a liderança deixa de ser exercida, ocorrendo apenas a adoção de mecanismos administrativos, focando, ao pé da letra, as normas, os regulamentos, os padrões mínimos de desempenho, desconsiderando-se a necessidade de sua superação e o espírito para além da letra.

Em uma organização, a pessoa que desempenha suas funções com medo de ser punida, anseia por se ver livre delas, de modo que não viva mais nas penosas condições do medo. Por outro lado, as pessoas que desempenham suas funções para obter vantagens externas e não as inerentes às próprias práticas pensarão em meios para obter essas vantagens sem o trabalho que as mesmas exigem, conforme documentado por estudos de Katz e Kahn (1978). A essas condições são levadas as pessoas que trabalham sob o controle restrito e externo, e sem liderança inspiradora e conscientizadora.

A liderança, portanto, não nega a necessidade de controle, uma vez que se reconhece que, na medida certa e sob a forma adequada, deve ser exercido, de preferência mediante a realização de autocontrole. Porém, a liderança se situa para além dele, garantindo que o mesmo seja exercido de forma aberta, sem diminuir o potencial criativo e participativo de todos que participam do processo educacional. O controle é porém minimizado por Kelleher (1999, p. 54) ao afirmar que "se você cria um ambiente em que as pessoas participam de verdade, não é preciso controlar. Elas sabem o que deve ser feito e agem. E quanto mais pessoas se dedicam a sua causa de bom grado, menos hierarquias e mecanismos de controle são necessários". Nessa afirmação, reconhece-se que ocorre o autocontrole, tornando desnecessário o heterocontrole. Essa observação, de grande valor inspirador, não tem, no entanto, se manifestado amplamente nas escolas, que continuam demandando controles externos por melhor qualidade. Ela serve, no entanto, para alertar para a necessidade de se promover uma liderança no sentido de criar essa condição, a partir do entendimento de que o controle em si, dissociado e destituído do espírito de visão, inspiração, inteligência e a compreensão de que "equipes autogerenciadas são bem mais produtivas que qualquer outra forma de organização" (WHEATLEY, 1999).

> Liderança é o processo de influência desempenhado no âmbito da gestão de pessoas e de processos sociais, no sentido de mobilização de seu talento e esforços, orientado por uma visão clara e abrangente da organização em que se situa e objetivos que deva realizar, com a perspectiva da melhoria contínua da própria organização e seus processos.

2
Teorias sobre liderança

Conforme observado, num mundo marcado pela complexidade, ideias e ações isoladas não têm o poder de promover mudanças ou promover influências substanciais e significativas nessa realidade. Em vista disso, torna-se necessário definir um sistema de ideias aplicadas ao mundo real, com o objetivo de detectar e explicar sua dimensão invisível em seus múltiplos desdobramentos (MORIN, 1985), assim como um sistema de ações correspondentes para realizar a visão e os objetivos delineados. O sistema de ideias constitui a teoria e o sistema de ações constitui a política. Teoria e política constituem os eixos condutores da ação de liderança em gestão escolar, capaz de promover as transformações pelas quais a escola necessita passar, a fim de que possa superar estágios limitados de ação e transformar-se continuamente, em acompanhamento às transformações evolutivas do seu contexto sociocultural. O sistema de ações é definido pelas políticas educacionais dos sistemas de ensino e pelo projeto pedagógico das escolas. Teoria e política são intimamente associadas, uma vez que uma ilumina a outra. A teoria tanto orienta a

Liderança em gestão escolar

formação de políticas, como as políticas geram realidades das quais as teorias emergem.

Uma teoria serve para organizar a compreensão da realidade, pela ligação que estabelece entre os significados dos fenômenos, dando-lhes consistência. Portanto, uma teoria constitui tanto um sistema construído pelo pensamento (o modo como se observa a realidade), como significados organizados que emergem da realidade a partir de sua observação reflexiva. Ela oferece uma condição de conhecer a realidade para além do que ela manifesta próxima e superficialmente. Portanto, o seu caráter é explicativo e não especulativo ou normativo (o caráter normativo é definido pelas políticas). Pela observação e análise contínua de fenômenos e processos, em seus múltiplos detalhes, é possível explicar os princípios fundamentais de seu funcionamento e a relação destes com suas consequências, de que emerge uma explicação dos fatos e processos da realidade, para quem não a conhece diretamente, de modo que tenha uma ideia a respeito. A partir das ações orientadas por tais teorias, estas são sucessivamente testadas, consubstanciadas, confirmadas e modificadas, conforme o caso, de modo a definir um corpo de conhecimento mais sólido sobre os fenômenos que procura explicar. Desse modo, as teorias vêm a se constituir em importantes marcos de referência que criam ordenamentos em relação ao que, de outra forma, poderia ser desorganizado e desarticulado.

É comum ouvirmos o depoimento de gestores escolares que se dizem perdidos diante da problemática e dos processos socioeducacionais que ocorrem na escola. Não identificam por onde começar a agir, de modo a dar unidade e direcionamento ao trabalho escolar. Em geral também indicam atuar "apagando incêndios", de que resulta muito trabalho, pouco resultado e muita frustração, tendo em vista seu caráter tópico e imediatista. Pois, uma condição para superar essa tendência e agir de modo mais consistente e efetivo consiste, de um lado, em compreender a realidade a partir de um sistema de ideias e significados, que estabelecem a possibilidade de abranger interativamente vários fatos, processos e fenômenos, isto é, em se ter uma teoria, um conjunto integrado de ideias, para organizar e dar sentido à realidade e à atuação sobre ela. De outro lado, demanda ter em mente, de forma clara, as políticas educacionais do sistema de ensino e do projeto pedagógico da escola.

Essa necessidade é tanto maior em relação à liderança, dada a complexidade e dinâmica plena de expressões variadas, de acordo com as demandas circunstanciais do momento e ambiente vivenciados.

Até recentemente, a literatura sobre liderança apresentou sistemas de ideias que viam o fenômeno de forma fracionada e excludente, de acordo com o paradigma fragmentador então vigente. Segundo esse paradigma, estudiosos da liderança identificaram três

Liderança em gestão escolar

teorias, que têm sido amplamente disseminadas, utilizadas em programas de formação de liderança: i) teoria dos traços de personalidade, que analisa a efetividade da liderança a partir de um conjunto de características especiais do líder; ii) a teoria de estilos de liderança, que se assenta sobre a ênfase dada à distribuição de poder; e iii) a teoria situacional, que explica a liderança pelos processos e fatores contingenciais e a dinâmica da cultura organizacional dos contextos onde a liderança se expressa (VERGARA, 2000). As duas primeiras teorias são as mais explicitadas e disseminadas na literatura, porém são as que se caracterizam pela fragmentação e dissociação.

2.1. Teoria dos traços de personalidade

A teoria do traço de personalidade é resultado de pesquisas que procuram explicar a liderança como consequência de traços que são identificados em comum nas pessoas que demonstram liderança efetiva. Em vista disso, o foco dessa análise resulta em identificar líderes e suas características e não em analisar processos de liderança que ocorrem em um contexto social. Trata-se, portanto, de uma teoria voltada para individualidades e não para processos sociointerativos.

Segundo essa teoria, pessoas que assumem postura de liderança tendem a manter um nível elevado de **perseverança** e **motivação**. Diante de dificuldades e obstáculos, consideram-nos como desafios e atuam com persistência na realização de objetivos propostos. Em consequência, não têm medo de riscos de fracasso, entendendo-os como uma possibilidade natural em relação a todas as ações humanas. Quando o fracasso ocorre, são capazes de analisar os diversos aspectos e desdobramentos da situação vivenciada e a relação entre ações e resultados e, em consequência, consideram o eventual insucesso como fonte e circunstância de aprendizagem, em vista do que, a partir de um fracasso sofrido, desenvolvem maior resistência, aprendem com a situação e estabelecem a possibilidade de melhores patamares de desenvolvimento.

Líderes efetivos têm boas **habilidades de comunicação**. São capazes de se identificar e se relacionar bem com as pessoas com quem interagem, fazendo-o de modo equilibrado e positivo. Utilizam boas técnicas de comunicação verbal e não verbal para se comunicar com pessoas, de modo a influenciá-las respeitando-as como seres humanos e valorizando o seu potencial, assim como criando, pela comunicação, as condições necessárias para essa expressão. Por essa comunicação, capazes de atender às necessidades afetivas e relacionais das pessoas, enquanto as motivam e as mobilizam para a realização de objetivos. Compreendem o comportamento humano, em seus desdobramentos, motivações e expressões, sendo capazes de reagir a ele em acordo com uma orientação de ajuda. Peter Senge (1999)

Liderança em gestão escolar

indica que a comunicação é a essência da liderança, aquilo que se faz quase todo o tempo para realizá-la, caracterizando, portanto, os bons líderes como bons comunicadores.

Pessoas que exercem liderança são orientadas por forte **determinação na realização de objetivos**, sendo objeto de sua contínua determinação, os resultados de transformação de uma situação e o desenvolvimento contínuo de sua organização. Estão sempre desejando fazer mais e melhor e a cada etapa vencida vislumbram uma outra, com novos desafios e novos resultados a serem superados. Como líderes, estão continuamente buscando novos desafios e novas oportunidades de promover mais desenvolvimento, não se contentando em contemplar as realizações passadas.

Líderes também expressam um elevado nível de **maturidade social e psicológica**. Sabem o que dizer e como dizer, no momento adequado, evitando agir para resolver problemas e comunicar-se de modo impensado, emocional, expressando suas subjetividades e frustrações. Portanto, sabem negociar, estabelecer mediações em situações de conflito, enfrentando-as com naturalidade e competência. Também são capazes de lidar com habilidade e tato diante de expressões de inveja, ciúme, malquerença, ressentimentos, desconfianças, raiva, que apareçam no ambiente escolar, compreendendo a dimensão humana dessas emoções e oferecendo elementos para humanizá-las. Contribuem para que as pessoas que as expressam possam superá-las e, ao mesmo tempo, amortecem o impacto dessas expressões sobre o grupo todo.

Líderes efetivos demonstram um elevado nível de **autoconfiança**. Esta atitude lhes permite assumir voluntariamente responsabilidades novas, aceitando os seus riscos, em vista do que tomam decisões importantes e agem com segurança para implementá-las. Dessa forma, expressam tolerância e aceitação a contratempos, incertezas, desordem, ambiguidades e paradoxos (KOTTER, 1999) que, por essa mesma aceitação, são analisados, compreendidos e superados, dessa forma promovendo-se avanços e melhorias significativas, nos ambientes em que atuam.

Líderes acreditam no que fazem, gostam de trabalhar com pessoas e assumem o desenvolvimento humano socialmente organizado como uma importante dimensão do seu trabalho e como uma expressão de **empreendedorismo social**. Portanto, aproveitam toda e qualquer oportunidade para a promoção da aprendizagem e construção do conhecimento em relação ao trabalho de tal forma que todos os envolvidos nesses processos sentem que crescem e melhoram a partir das ações realizadas em conjunto.

Os líderes expressam a sua liderança em suas ações, pela confluência de firmeza, determinação, vontade e comprometimento, engajamento e mobilização de aspirações humanas. Sua capacidade de influência, no entanto, está intimamente associada à

Liderança em gestão escolar

medida que manifestem um elevado **espírito empreendedor**, uma forte capacidade de realização, uma vez que, conforme pesquisas indicam (MUCCHIELLI, 1996), os participantes de grupos envolvem-se cooperativamente e de modo associativo, na medida em que sentem que poderão obter sucesso em seu trabalho. E, para determinar essa expectativa e orientação, as características pessoais dos líderes promovem um salto de qualidade no ambiente escolar.

A teoria do traço de personalidade, embora de grande apelo e de grande aceitação em uma determinada época, foi submetida a críticas, que apontam para a sua limitação quando adotada como orientação única para compreender e orientar a liderança. Essas críticas apontam que: i) ela conduziria à conclusão de que a liderança é inata e que as pessoas têm ou deixam de ter essas características e, portanto, são ou não são líderes; ii) ela sugere que a liderança não recebe impacto situacional, nem tem a ver com os demais atores da situação em que operam – estas pessoas são consideradas como seguidoras e, portanto, como objetos da liderança, em desconsideração à sua participação efetiva de aceitação da liderança e de contribuição com seu talento e energia para o delineamento das forças que, em conjunto, estabelecem as mudanças desejadas; iii) ela centra seu enfoque sobre os líderes como indivíduos, e não como seres sociais que, ao mesmo tempo, respondem a processos socioculturais em que a liderança está envolvida, assim como os criam; iv) ela deixa de levar em consideração os conteúdos específicos do contexto em que a liderança é demandada, que exigem conhecimentos e habilidades especiais, construídas em esforços de capacitação.

Essa teoria desenvolveu-se sobretudo a partir da década de 1940 e teve seu maior apelo a partir da década de 1950, associada ao desenvolvimento da psicometria, que buscou objetivamente isolar e mensurar traços e fatores da personalidade e quantificá-los, a partir do pressuposto de que se alguma coisa existe, existe em uma certa quantidade. Como a personalidade é muito complexa, conhecer traços e fatores da personalidade, integrando-os em um todo, poderia ser uma forma de vir a conhecê-la. Foram, portanto, desenvolvidos testes capazes de avaliar os traços desejados na seleção de líderes, segundo o princípio de se identificar "o homem certo, para o lugar certo".

Porém, após um largo período de críticas, notadamente a partir da década de 1980, emerge a questão do "caráter", das condições pessoais do líder, como um fator importante na determinação do sucesso em liderança, porém não como um fator em si e isolado, mas sim como um componente expresso no desempenho explicado por fatores múltiplos. Desse modo, Bennis (1999), um estudioso da liderança, identifica o caráter (quem a pessoa é), acima de tudo, como um elemento fundamental dentre os atributos pessoais do líder para as organizações que pretendem manter-se dinâmicas e em desenvolvimento, num mundo cheio de novos desafios. Acrescenta

Liderança em gestão escolar

ainda, como contribuição para o entendimento dessa dimensão, a teoria da inteligência emocional, de Daniel Goleman (2001), e estudos da Universidade de Harvard que identificam que 85% do desempenho da liderança depende de "qualidades do coração", isto é, centradas na formação humanística das pessoas. Estas levam em consideração não as características de personalidade em si, mas sim sua expressão em ações de liderança. O dito popular "não basta parecer bom, é preciso ser bom" expressa o entendimento de que a aplicação das características é que se traduzem em liderança e que fazem a diferença, e não as características em si.

Quadro 1 - Atitudes identificadas em pessoas que expressam comportamentos de liderança

Aceitação a desafios	Gosto pelo trabalho
Autoconfiança	Iniciativa
Autocontrole	Inteligência emocional
Autodeterminação	Inteligência social
Comprometimento	Laboriosidade
Dedicação	Maturidade psicológica e
Determinação	social
Empatia	Motivação
Empreendedorismo	Ousadia
Entusiasmo	Perseverança
Espírito de equipe	Persistência
Expectativas elevadas	Proatividade
Flexibilidade	Resiliência
	Tolerância aos desafios

Vergara (2000) aponta como traços de personalidade básicos: i) os físicos, como, por exemplo, a aparência, estatura, energia e força física; ii) os intelectuais, como, por exemplo, a adaptabilidade, o entusiasmo, a autoconfiança, coeficiente intelectual elevado; iii) os traços sociais, como, por exemplo, a cooperação, habilidades interpessoais, habilidades administrativas; e iv) os traços relacionados com a tarefa, como, por exemplo, o impulso de realização, a persistência e a iniciativa.

2.2. Teoria de estilos de liderança

A teoria de estilos de liderança baseia-se na ênfase com que o poder é centralizado ou distribuído no ambiente de liderança. Desse modo, três estilos são indicados: i) autocrático, ii) democrático e iii) *laissez faire*. Estes estilos são associados a estruturas organizacionais, tendo sido parte do conteúdo referente a eles, apresentados anteriormente, na unidade anterior, em análise do significado da liderança em diferentes estruturas organizacionais.

Pelo **estilo autocrático, o dirigente** centraliza a tomada de decisão e assume uma liderança de forma individual e imbuído de sua verdade. Seu sucesso é determinado por sua capacidade de, a partir de sua autoridade, mobilizar seguidores. O líder é o guia, o condutor que parte do pressuposto de que as estruturas e os padrões de desempenho previamente definidos garantem o sucesso do trabalho das pessoas,

Liderança em gestão escolar

assim como as adequadas orientações para a realização desse trabalho. Desse modo, essa liderança é realizada de forma a evitar e até mesmo a desconsiderar as ambiguidades e paradoxos que naturalmente ocorrem em toda e qualquer organização social.

Segundo essa teoria, dissocia-se o pensar do fazer, uma vez que, de acordo com ela, o líder atua como um pensador e planejador, colocando os demais na posição de fazedores. Verifica-se que, nesse caso, o poder e autoridade de liderança estariam associados exclusivamente aos cargos assumidos e ao seu nível na hierarquia organizacional. Esse poder tenderia a ser exercido mediante um feitio doutrinário, hierarquizado e formalizado, sendo por isso mesmo, muitas vezes, associado ao culto de personalidade, que ganha primazia sobre a cultura organizacional (DEERING; DILTS; RUSSEL, 2003). Retórica, mais do que ação, é a característica do estilo autocrático, e o sucesso, quando ocorre, é atribuído ao dirigente. Um depoimento de um diretor exemplifica essa tendência: *"Quando recebi minha escola ela estava um caos; nada funcionava. As fotografias demonstram o descaso em tudo. Então eu comecei a pôr ordem e hoje se pode ver que tudo está um brinco. Todos trabalham em ordem e respeito num ambiente saudável".* Nesse pequeno depoimento percebe-se o estilo centrado na primeira pessoa e também a falta de atenção aos processos sociais como elemento básico na transformação da realidade escolar.

Segundo este estilo, também são desconsiderados os fatores do contexto e da coletividade do grupo, no desenvolvimento da liderança, tal como na teoria de traço e fator. E, é fácil concluir que um tal líder demandaria traços de personalidade mais fortes e uma grande capacidade de persuasão. O conceito de House (2004, p. 15) sobre liderança parece ser compatível tanto com este estilo como com a teoria de traço e fator: "liderança é a habilidade de um indivíduo influenciar, motivar e capacitar outros para contribuírem para a efetividade e o sucesso das organizações de que são membros".

Cabe destacar que o estilo autocrático tende a ser mais orientado para a eficiência do que pela eficácia, assim como a ser mais conservador, por limitar a liderança à orientação do fazer já conhecido e determinado, do que à inovação e à mudança a partir de uma visão ampla de futuro e aceitação das energias positivas dos movimentos interpessoais e intergrupais dentro da escola.

Este estilo é considerado como muito útil, no entanto, e até mesmo necessário, nas condições de crise em que decisões devem ser tomadas rapidamente, e ações emergenciais devem ser assumidas prontamente, sem hesitação, nem demora. É o caso, por exemplo, de situações observadas ao final do ano letivo em escolas onde aparece um grande número de alunos sem a aprendizagem correspondente aos trabalhos realizados durante o ano. Programas emer-

Liderança em gestão escolar

genciais devem ser desencadeados, devendo ser os professores mobilizados para promover a recuperação que deixou de ser realizada gradualmente, durante o ano letivo. Há muitos casos em que essas intervenções devem ser feitas pelas secretarias de educação, diante da imobilidade e indiferença da escola a respeito da situação.

O **estilo democrático** se assenta sobre a participação e sobre a tomada de decisão compartilhada, seguida de ações colaborativas, em que, em equipe, os membros da organização assumem responsabilidades conjuntas pelo seu desenvolvimento e realização de objetivos elevados. Ele está associado à criação de uma cultura de liderança disseminada em toda a organização e, portanto, altamente compatível com os objetivos educacionais de formação para a cidadania. O sucesso da escola em promover tal formação está diretamente assentado na combinação de energias e esforços conjuntos de muitas pessoas na realização da sua missão – energias e esforços que, aliás, pela sua canalização proativa, transformam-se em novas competências para o enfrentamento dos desafios educacionais.

Os pressupostos que subjazem a este estilo de liderança são os de que as pessoas, organizadas em um trabalho conjunto, é que fazem diferença e garantem a promoção de resultados organizacionais e que, via de regra, dadas as condições socioculturais adequadas, as pessoas demonstram ser capazes de assumir responsabilidades e se tornam zelosas pela realização dos objetivos organizacionais propostos.

Pelo estilo democrático, procura-se criar um ambiente em que as pessoas se sintam à vontade para expressar suas ideias e visões, experimentar novas ações e criar novos projetos. As pessoas, em todos os ambientes de atuação, são encorajadas e apoiadas a expressar-se acerca das suas ideias e opiniões sobre o trabalho escolar e a tomar iniciativas correspondentes. Nesse ambiente, os líderes atuam atentos a essas expressões para identificar aquelas que necessitam de maior apoio ou de mais orientação, assim como procuram identificar os naturais sinais e oportunidades de ameaças e distrações que ocorrem durante o processo da realização dos objetivos educacionais da escola.

O líder democrático atua, portanto, orientado pelos princípios da perspicácia e abertura em relação a todos os momentos e ambientes educacionais da escola, como oportunidades para a ação conjunta no sentido de maior desenvolvimento.

Este estilo de liderança é marcado pelo fortalecimento da escola como um todo, de tal modo que, diante da eventual saída do gestor, não ocorreria um vácuo que resultaria em um retrocesso na escola. Esta situação, no entanto, não é incomum em nossas escolas, onde se pode identificar a atuação de diretores altamente ativos e carismáticos, que mantêm as pessoas sempre mobilizadas, porém estes diretores estão sem-

Liderança em gestão escolar

pre centrados em suas próprias ideias e determinações, resultando na formação de equipes de seguidores passivos e não de sujeitos, de tal modo que, terminada a execução das ações determinadas, as pessoas ficam esperando o próximo comando e a permissão ou orientação do diretor para envolverem-se no próximo passo. Expressões como: *"eu não sabia que era para fazer"* são comumente usadas por professores e funcionários de escolas e traduzem a ausência do estilo de gestão democrática e de liderança participativa, pelos quais os membros da escola desenvolvem o sentido de responsabilidade.

É importante notar que a liderança democrática estaria em acordo com a determinação da Constituição Brasileira e da LDB, no sentido de que a gestão escolar seja democrática. Estudos têm identificado, no entanto, uma ausência dessa liderança na escola. Por exemplo, Cerqueira (2000, p. 10), em pesquisa realizada durante dois anos acompanhando o trabalho de gestão de uma escola considerada típica, apontou:

> a análise dos dados coletados no cotidiano escolar indica que, não obstante as determinações legais expressas na Constituição Federal/88 e na LDB 9.394/96, a implementação da democratização da gestão no interior da escola tem sido bastante lenta.

O estudo ainda acrescenta:

> a prática gestora desenvolvida na escola pesquisada apresenta características de padrões

de autoritarismo, decisões centralizadas, separação entre as dimensões administrativa e pedagógica do trabalho educativo, ausência de gestão colegiada, funções hierarquizadas e difícil comunicação, revelando que a gestão democrática da educação ainda não é praticada conforme o ideal teorizado e legislado.

Aquela autora concluiu, portanto, "pela necessidade de agregar às condições legais condições político-sociais, culturais, estruturais e ideológicas para que a democratização da gestão no interior da escola seja objetivamente efetivada" (CERQUEIRA, 2000, p. 10). E acrescentamos: torna-se necessário levar em consideração que gestão democrática se aprende a partir do desenvolvimento de competências de liderança, que necessitam ser desenvolvidas em capacitação tanto inicial como continuada em serviço, a partir de um foco claro sobre o desenvolvimento de habilidades orientadas por conhecimentos educacionais e pedagógicos, assim como atitudes condizentes aos objetivos pretendidos.

O estilo *laissez faire* (deixar fazer, ao pé da letra), ou de "rédeas soltas", conforme sugerido por Halloran (1990), é marcado por uma falta de liderança e de direcionamento definidos externamente à organização ou grupo, em vista do que tendem a evoluir segundo sua própria vontade, energia, inspiração e dinâmica. Vale dizer, a seu ritmo, tempo e interesse.

Liderança em gestão escolar

Poder-se-ia afirmar que, nesse caso, o que se identifica não é propriamente um estilo de liderança, mas sim a falta dela (VERGARA, 2000). Pode-se concluir, portanto, que, segundo essa concepção, não haveria necessidade de um dirigente. Sua presença teria apenas significado formal e representativo, significado esse que, por si só, pode ter efeitos negativos sobre a organização. Expressões como "é no andar da carruagem que as abóboras se assentam" se ajustam a esse estilo. No entanto, apesar de suas inadequações para o contexto educacional, é possível identificar escolas onde tal estilo parece existir. Podemos afirmar, no entanto, que esse estilo ocorre muito mais por falta da devida competência de liderança do que por convicção de que este deva ser o estilo de atuação.

Adotando-se o estilo de *laissez faire* em organizações educacionais, parte-se do pressuposto de que os seus membros são dotados das competências necessárias para a realização de suas responsabilidades sociais de forma totalmente autônoma e de que são imbuídos naturalmente da consciência sobre a responsabilidade de seu trabalho, compreendendo-o plenamente. Por outro lado, deixa-se de considerar a necessidade dessa organização trabalhar de forma articulada com um conjunto de ideias, princípios e objetivos gerais que estabelecem a unidade do sistema de ensino a que pertença, a partir do entendimento de que a unidade organizacional é indepen-

Heloísa Lück

dente em todos os sentidos e dimensões e tem um valor por si mesma. Pouco cuidado é dado às questões administrativas e organizativas necessárias à sustentação e bom funcionamento da unidade, daí por que o estilo tem sido identificado como ineficaz.

Ao se entrar em uma escola, em pouco tempo de observação sobre o modo como funciona e como as coisas estão organizadas, pode-se verificar esse efeito. Verifica-se, por exemplo, que, em escolas em que o diretor/ou o supervisor pedagógico deixam de exercer a liderança sobre a realização dos fins e objetivos da escola, inerente aos seus cargos, uma liderança informal tende a emergir nesse contexto. Essa liderança, no entanto, nem sempre promove os resultados necessários, pela falta de notoriedade funcional. Esta liderança demonstra ser, na grande maioria dos casos, inócua e até mesmo contraproducente, quanto à realização dos objetivos educacionais, pois, conforme identificado em pesquisa sobre liderança, a liderança informal assume muitas vezes a orientação dos interesses corporativos e de grupos de interesse sem a devida perspectiva da dimensão social para a qual a organização foi criada (LIKERT, 1971). Portanto, ela deixa de refletir, como deveria, uma consciência de responsabilidade social de todos que nela trabalham.

Este modelo de liderança foi observado em grupos societários ao estilo dos existencialistas, que viviam valores próprios, sem compromisso com deter-

Liderança em gestão escolar

minados resultados além dos de estarem bem consigo mesmos, na condição vivenciada, e sem esperar ou desejar nada além do desfrute do momento presente, da liberdade plena, como é, por exemplo, proposto pelo existencialismo, segundo o qual ter um objetivo ou desejo em si corresponderia a um cerceamento à liberdade e ao proveito ao universo de possibilidades de realização plena do ser; fazer escolhas representaria, portanto, abdicar de outras oportunidades. Logo, não escolher, deixar acontecer ao sabor da sorte, não assumir responsabilidades por esta ou aquela direção estaria de acordo com este estilo.

Portanto, o estilo *laissez faire*, que, aliás é, em parte, correspondente à concepção educacional do não diretivismo, associada à concepção humanista da educação (MIZUKAMI, 1986), apresenta sérias limitações para a gestão e liderança escolar. O não diretivismo teve sua fase áurea nos anos 1950-1960, tendo como seus expoentes máximos Rogers (1972) e Neill (1963) e preconizava o ensino centrado no aluno, deixando a ele a liberdade de escolha do que e como estudar, segundo a filosofia de Rosseau (2005). A escola de Summerhill, criada por Neill, exerceu grande atração para educadores e sociedade, porém resultou em ser processada judicialmente por seus ex-alunos, ao chegarem à idade adulta, ao reconhecerem que não foram adequadamente preparados para as regularidades e desafios da vida.

Em vista de tais resultados, pode-se concluir que este estilo se manifesta como não efetivo em organizações que detêm responsabilidades sociais pelas quais devem prestar contas, como é o caso da escola. Esse estilo de liderança seria aplicável apenas a grupos livres, e sem nenhum estatuto de responsabilidade social.

Quadro 2 - Dois estilos de liderança

	Estilo autoritário *Liderança centralizada*	**Estilo democrático** *Liderança compartilhada*
Iniciativa	Centrada no dirigente. Pessoas esperam permissão para tomar iniciativa.	Compartilhada entre os membros da organização e determinada coletivamente.
Cultura organizacional	Considerada como secundária. Mais forte é o culto ao dirigente e suas decisões.	Fortalecida mediante o desenvolvimento de competências pelo compartilhamento de decisões e ações, que transformam positivamente o modo de ser e de fazer na escola.
Tomada de decisão	Centralizada e baseada em processos formais.	Distribuída, mediante processos de reflexão e disseminação de informações.

Liderança em gestão escolar

	Estilo autoritário *Liderança centralizada*	**Estilo democrático** *Liderança compartilhada*
Sentido de missão e visão	Definido e assumido pelo dirigente, que se torna seu arauto.	Definido e assumido pelos membros da escola e incorporado no ideário de suas ações, mediante sua iniciativa para implementá-lo. Continuamente revistos à luz das ações e reflexões.
Crédito do sucesso	Atribuído ao dirigente.	Atribuído ao trabalho de conjunto.
Papéis e funções	Assumidos de acordo com cargos e respectiva definição.	Assumidos de forma compartilhada, segundo o sentido de responsabilidade comum. Desenvolvem-se em associação com o desenvolvimento das competências das pessoas.

2.3. Teoria situacional

A teoria situacional, mais recente, enfoca a liderança como emergente de situações e desafios diferenciados, que instigam pessoas a tomar iniciativas para resolvê-las à luz de patamares mais efetivos de desempenho. De acordo com esta teoria, eventos importantes, que demandam ação rápida e diferenciada, podem criar as condições para a emergência de comportamentos de liderança daquelas pessoas que estejam mais próximas dos eventos e se sintam mais impelidas para tomar iniciativa no sentido de mobilizar seus companheiros para um encaminhamento positivo da situação. Segundo esta teoria, o enfoque de atenção se assenta sobre a situação e não sobre o líder ou seu estilo de liderança. Ela mesma coloca em plano secundário os traços de personalidade como sendo os instigadores da liderança, a partir da observação de que uma mesma pessoa é líder em um ambiente e é liderada em outro, e que várias situações solicitam diferentes respostas de liderança (HALLORAN, 1990). A partir desse entendimento, conclui-se que a cultura organizacional desempenharia, portanto, um importante papel na determinação dessa liderança, assim como a liderança evolui e muda conforme a mudança e desenvolvimento dessa cultura.

É importante destacar que a teoria situacional difere do estilo *laissez faire*, uma vez que naquele não se propõe uma análise da cultura para procurar melhorá-la e elevá-la a patamares mais efetivos de desempenho. Nesta, adota-se uma atitude empreendedora em relação à cultura, atuando-se nela co-

Liderança em gestão escolar

mo um todo, uma vez que é reconhecida como sendo o caldo sobre o qual qualquer mudança organizacional sustentável possa ocorrer.

Também é importante destacar que essa liderança está para além daquela inerente a cargos que demandam e de quem os ocupam como exercício contínuo, podendo, por isso, ser exercida de forma rotativa por pessoas diversas que vivenciam uma situação. Quanto maiores e mais complexos sejam os objetivos organizacionais – como é o caso da escola, por menor que esta seja – maiores são as demandas para esse tipo de liderança.

A liderança segundo esse enfoque se assenta sobre uma grande sensibilidade e competência no sentido de identificar e compreender de forma conjunta os fatores relevantes que interagem em uma situação, destacando-se entre eles os referentes a ansiedades, necessidades humanas, dinâmica de relacionamento interpessoal, etc.

A teoria situacional de liderança tem na teoria de planejamento situacional, de Carlos Matus (HUERTAS, 1996), uma ferramenta de apoio importante, pois oferece instrumentos de análise da realidade, pela estratégia participativa, e leva em consideração os atores dos problemas levantados e suas respectivas intervenções. Como se sabe, a maioria das teorias de planejamento na área social deixam de levar em conta essa importante dimensão e tendem a promover planos de caráter formal, sem condições de ser associados às condições ambivalentes e contraditórias, produzidas por vontades e interesses diversos que naturalmente proliferam em qualquer organização social e interferem em toda implementação de planos de ação.

A liderança situacional emerge do pressuposto de que a liderança se expressa em acordo com as exigências da situação que inspira e demanda comportamentos diferenciados, marcados pela iniciativa e criatividade. Nesse caso, não seria útil a consideração de modelos específicos de desempenho de liderança, pois nenhum deles se ajustaria inteiramente a cada uma das situações vivenciadas, inclusive às características das pessoas envolvidas na liderança, enfatizando este ou aquele aspecto. O *momentum* e a forma de expressão da liderança são emergentes da situação, constituindo-se uma crise ou uma dificuldade premente como fortes instigadores da liderança situacional.

Determinantes da expressão dessa liderança seriam de: i) a natureza do trabalho a ser realizado, ii) a cultura e o clima organizacional, iii) as preferências e orientações de níveis superiores de decisão, iv) as expectativas dos companheiros de trabalho, v) as respostas dos liderados (www.wikipedia.org/wiki/leadership). É na dinâmica interativa desses fatores que a liderança situacional se configura.

Liderança em gestão escolar

2.4. A flexibilidade entre os estilos de liderança

Destaca-se que os estilos de liderança são definidos *a posteriori*, mediante estudos e pesquisas que identificam tendências nas práticas, que são observadas mediante a adoção de filtros específicos de leitura, pelos quais se presta atenção a determinados aspectos e não a outros. No entanto, a complexidade dos problemas, a dinâmica das interações humanas e a variação das orientações pessoais e coletivas tornam imprevisível uma definição fixa e *a priori* de um determinado estilo de liderança. Em face dessa situação, a flexibilidade constitui-se em uma das capacidades básicas do exercício da liderança.

É importante destacar a perspicácia necessária às características do momento e do ambiente socioeducacional, a fim de verificar qual o estilo ou ênfase a ser dada à expressão da liderança, de modo a promover melhores resultados. Vale dizer que se deve ter uma perspectiva aberta e flexível a respeito, uma vez que nem todas as características e habilidades de liderança são necessárias e aplicáveis em todos os momentos e ambientes, tendo em vista sua dinâmica. O que é importante num momento, pode ser irrelevante noutro. Destaca-se, portanto, a limitação de padrões definidos de liderança a serem adotados como uma configuração fechada. Eles funcionariam como uma possibilidade ou perspectiva e não como uma determinação. Ressalta-se, sim, a necessidade de um olhar aberto para o contexto em associação com o esforço de contínuo aprimoramento do acervo de repertório de conhecimentos, habilidades e atitudes, necessários ao exercício da liderança, sempre mutável.

Segundo essa característica, cada uma das teorias poderia oferecer elementos para servir de inspiração no caso de correção de rumos a respeito do que estaria em falta na escola, considerando-se não apenas sua problemática do momento, mas seu desenvolvimento, a partir de uma visão de futuro, tanto organizacional, como sobre a contínua superação dos objetivos e processos educacionais, em face das contínuas mudanças sociais, que passam a demandar novos processos educacionais.

Analisando-se as diferentes teorias de liderança, pode-se verificar que, cada uma delas, oferece sua contribuição significativa para a compreensão e orientação desse constructo. Cada uma delas apresenta o seu apelo, segundo a perspectiva que adota. No entanto, também, cada uma delas apresenta suas limitações, uma vez que veem e traduzem a realidade parcialmente, por um determinado enfoque, excluindo outros e sobretudo em desconsideração à interação de todos eles.

A partir de uma visão ampla e dinâmica de liderança, considerando a amplitude e dinâmica da educação, o cuidado que se deve assumir é o de adotar

Liderança em gestão escolar

uma perspectiva ampla e abrangente de liderança, de modo a combinar as diferentes perspectivas, uma vez que todas e cada uma delas apresentam a sua contribuição significativa para a orientação dos processos socioeducacionais. Pode-se até mesmo afirmar que, em dados momentos, após grandes períodos de ritmo intenso de trabalho, um breve período de estilo *laissez faire* poderia ser necessário, a fim de que o grupo possa contemplar em retrospectiva as suas ações e seus resultados, e identificar características de sua própria natureza e, dessa forma, aprender a partir da experiência e recarregar suas baterias.

Desse modo, o que se indica é considerar as teorias não como uma verdade em si, mas como uma perspectiva de reflexão e observação orientadoras e avaliadoras de ações mais efetivas de liderança. Sobretudo, é fundamental superar a tendência de se focalizar a letra e o aspecto restrito de qualquer teoria, e sim, buscar o seu espírito, para além da letra, o que pretende detectar e sugerir, muito embora não consiga fazê-lo plenamente, como acontece muitas vezes. Destaca-se, finalmente, que, como uma representação da realidade, qualquer teoria é incompleta, limitada e imperfeita, mas nem por isso deixa de ter sua utilidade para nos ajudar a nos aproximar de uma realidade complexa para que possamos compreendê-la e para adotar alternativas de atuação mais plenas e mais potentes.

Para sua maior efetividade, é fundamental que fatores relacionados à ação de liderança na gestão escolar sejam promovidos de forma compartilhada, envolvendo toda a equipe escolar nesse processo. Esses fatores apontam para os aspectos substantivos, isto é, para os conteúdos da ação de liderança, revelando a sua preparação e orientação para a consecução dos objetivos educacionais.

3
A gestão escolar como prática de liderança

O que liderança e gestão têm em comum? Que impacto a liderança promove na escola? Que ações básicas são exercidas pela liderança na escola para garantir a sua efetividade na oferta de ensino de qualidade e aprendizagens significativas para seus alunos? Estas são algumas questões básicas, norteadoras desta unidade.

Conforme indicado anteriormente, liderança corresponde a um conjunto de ações, atitudes e comportamentos assumidos por uma pessoa, para influenciar o desempenho de alguém, visando a realização de objetivos organizacionais. Corresponde à capacidade de influenciar pessoas individualmente ou em grupo, de modo que ajam voltadas para a realização de uma tarefa, a efetivação de um resultado, ou o cumprimento de objetivos determinados, de modo voluntário e motivado, a partir do reconhecimento de que fazem parte de uma equipe e que compartilham em comum responsabilidades sociais a que devem atender.

Liderança em gestão escolar

Essa influência, na escola, dá-se a partir da mobilização dos membros da comunidade escolar, socialmente organizada, em torno das responsabilidades educacionais, para, mediante seu esforço e capacidade de realização, garantirem a efetividade do trabalho educacional. Tal mobilização se processa, tal como proposto pela gestão, de modo a abarcar a multiplicidade de significações que surgem no contexto das ações do coletivo escolar, das articulações entre os integrantes desse contexto e nos movimentos sociais que o dinamizam (GAYOTTO, 2003).

3.1. A relação entre gestão e liderança

O conceito de gestão não diverge do entendimento proposto sobre liderança. Muito pelo contrário, guarda em relação a ele muitas ideias em comum, uma vez que a gestão é indicada como um processo pelo qual se mobiliza e coordena o talento humano, coletivamente organizado, de modo que as pessoas, em equipe, possam promover resultados desejados (LÜCK, 2006a). Segundo programa de formação de gestores a distância, do Cedhap (2003, p. 2),

> A gestão escolar consiste no processo de mobilização e orientação do talento e esforço coletivos presentes na escola, em associação com a organização de recursos e processos para que esta instituição desempenhe de forma efetiva seu papel social e realize seus objetivos educacionais de formação dos seus

alunos e promoção de aprendizagens significativas[9].

Portanto, entendidos dessa forma, os conceitos de liderança e de gestão se complementam e até mesmo, em certa medida, confundem-se por apresentarem vários elementos importantes e básicos em comum, conforme anteriormente apresentado. Esses elementos dizem respeito à dimensão humana do trabalho e sua mobilização. O exercício da gestão pressupõe liderança, pois que não se pode fazer gestão sem exercer a liderança. Conforme indicado por Lück (2007), a gestão surge em superação à administração, a partir do reconhecimento da dinâmica humana nas organizações sociais e da superação do enfoque mecanicista.

Por outro lado, a liderança corresponde a um processo de gestão de pessoas. Porém, a gestão escolar pressupõe o trabalho com outras dimensões, como, por exemplo, a gestão administrativa, gestão do currículo, gestão de resultados, etc. (embora todas dependentes do trabalho de pessoas), em vista do que gestão e liderança não são termos sinônimos e sim complementares, de cuja complementaridade resulta uma certa sobreposição de significados e papéis.

---

9. Dinamizador de Aprendizagem-Ação n. 2, do **Programa Escola Inteligente** para capacitação a distância de gestores escolares, em equipe, do Cedhap – Centro de Desenvolvimento Humano Aplicado, Curitiba, 2003.

Liderança em gestão escolar

Têm surgido inúmeros artigos e livros em língua inglesa que tratam de liderança em associação com o termo *management*. Este termo é comumente traduzido para o português como *gerenciamento*, mas conforme o que representa, no conjunto de ideias expostas, pode ser traduzido como *gestão*, uma vez que na literatura o termo é utilizado para representar uma orientação que vai além de administração, tal como entre nós gestão pressupõe ir além de administração. Há porém um grande número de autores estudiosos da questão em língua inglesa, que apresentam liderança e *management* como duas áreas independentes do trabalho do diretor escolar, atribuindo à liderança a orientação sobre os processos sociais e ao *management* a orientação sobre as questões operacionais e administrativas (o que denominamos de gestão administrativa), sem considerar o sentido mais amplo também atribuído a *management*, segundo o qual liderança poderia ser inerente a ele.

Estabelecendo uma distinção entre esses dois termos, Cuban (1988) identifica que a liderança se refere ao conjunto de ações voltadas para influenciar pessoas de modo que possam promover a realização dos objetivos da organização, mediante energia, habilidades e talentos capazes de promover desenvolvimento, e, por outro lado, limita as ações e efeitos do *management* como sendo mais voltados para manter a eficácia e eficiência da escola, mediante arranjos diversos, incluindo o trabalho com pessoas, porém com um enfoque de maior organização técnica do que com o de motivar e mobilizar talentos de pessoas socialmente organizadas.

Collarbone e Billingham (1998, p. 1) declaram nominalmente que "há uma clara distinção na literatura entre liderança e *management*", indicando que "liderança se refere à visão, direção, inspiração, enquanto *management* se refere a planejamento, fazer as coisas acontecer e trabalhar efetivamente com pessoas". Esses dois papéis de diretores de escola seriam portanto vistos como complementares, segundo essa perspectiva, cabendo, em consequência, considerá-los como duas áreas independentes de estudo. Esse enfoque, segundo nosso entendimento, gera uma tendência a enfatizar a dicotomia e a criar perspectivas de tensão e conflito entre dois papéis que, na realidade, quando naturalmente eficazes, ocorreriam de forma intimamente entrelaçadas. Somos de parecer que essa separação é apenas útil no sentido da compreensão das dimensões e dos desdobramentos de uma mesma ação, mas que, na orientação do trabalho, elas devem ser consideradas integradamente.

Warren Bennis (1999), estudioso da liderança, estabelece uma dicotomia entre *management* e liderança, propondo a distinção entre o desempenho de *managers* (termo traduzido como chefe) e líderes. Seguindo sua linha de análise, João Alfredo Biscaia (www.institutomvc.com.br/costacurta/artjab03liderança, 2003) sistematiza e expande contribuições de Bennis. O quadro 3, a seguir, apresenta uma série de as-

Liderança em gestão escolar

pectos em que os *managers* se distinguem dos líderes. Na verdade observamos que, como a realidade é dinâmica e está em contínuo movimento, caracterizado por tensões, discrepâncias e diversidades, não se trata de radicalmente assumir um papel, excluindo a possibilidade do outro, mas de assumir uma posição equilibrada, tendo como foco a valorização de pessoas coletivamente organizadas para realizar objetivos transformadores, desconsiderando na base as necessidades operacionais e administrativas.

Quadro 3 - Distinção entre *managers* (chefes) e líderes

Como agem os *managers*	Como agem os líderes
Administram	Realizam gestão
Focalizam o sistema estabelecido	Focalizam as pessoas
Fazem as coisas certas	Fazem certo as coisas
Mantêm	Desenvolvem
Apoiam-se em ações de controle	Apoiam-se em ações de confiança
Adotam perspectivas de curto prazo	Adotam perspectivas de médio e longo prazos
Reproduzem e imitam	Criam e inovam
Copiam	São originais
Empurram e comandam	Puxam e orientam
Fazem-se ouvir	São todo-ouvidos
Perguntam "como" e "quando"	Perguntam "o quê" e "por quê"
Rejeitam a diversidade preferindo a regularidade	Aceitam a diversidade aproveitando sua energia para promover a inovação

Talvez em decorrência da maior hegemonia de entendimento do termo *management* com conotação restritora, anacrônica para as instituições na sociedade atual, tem sido apresentado mais recentemente na literatura um neologismo em língua inglesa – *managerialism* – para indicar a necessidade de superar aquela conotação operacional que o termo *management* ganhou, traduzindo-se em práticas mais voltadas para a administração, do que para a gestão. *Managerialism*, traduzido como *gerencialismo* entre nós (BALL, 2005), remete, aqui, novamente, às concepções limitadas de gerenciamento, mais limitadas do que as de administração.

Esta situação é curiosa e apresenta para nós um alerta a respeito do surgimento de novas ideias representadas por novos termos que passam a ser utilizados com o objetivo de orientar e focalizar a atenção a novos esforços que, no entanto, sucumbem às velhas práticas e velhos hábitos, que vêm a destruir o significado pretendido pelos termos novos. Diante dessa situação, em vez de corrigir as práticas, o que se faz é criar novamente novos termos, desse modo reforçando as mudanças contínuas do discurso e a manutenção das formas convencionais de agir. Tal ocorrência resulta em modismos continuamente renovados, criando movimentos inócuos no sentido da promoção dos resultados esperados e necessários.

Todos podem perceber o esforço que se realiza no âmbito das escolas, no sentido de superar a dicotomia

Liderança em gestão escolar

entre gestão pedagógica e gestão administrativa que foram sendo desenvolvidas como áreas independentes e, por isso, atualmente aparecem até mesmo ser dissociadas nas escolas, onde se dá mais atenção à perspectiva administrativa (meio para realizar os objetivos educacionais) do que à perspectiva pedagógica (mais diretamente associada ao fim último da educação, que é a aprendizagem e a formação dos alunos).

Essas perspectivas nos remetem a indagar em que medida os diretores escolares têm praticado a gestão, com forte componente de liderança mobilizadora da participação efetiva e conscientizadora dos membros da comunidade escolar, na formação e aprendizagem dos alunos, com qualidade. Ou com que incidência há os que, embora se considerem e denominem gestores, ainda enfatizam em sua atuação a formalidade, a burocracia, a obediência limitada a normas e regulamentos, sem consideração com a dimensão humana do trabalho, com sua dinâmica e suas tensões naturais. Sabe-se que, enfocando processos sociais, a liderança é exercida como mediação entre condições de tensão e contradição, de modo a promover a superação de hesitações, imobilismos, radicalizações excludentes, decisões orientadas por interesses corporativos e individualistas que fazem parte do tecido social da escola, como, naturalmente, de qualquer outro.

Verifica-se, infelizmente, não ser incomum o diretor escolar e sua equipe estarem mais voltados para uma orientação meramente administrativa, de organização de recursos e controle burocrático do trabalho educacional, do que de gestão e liderança de pessoas, portanto, seguindo uma linha de atuação limitada e superada, em relação aos paradigmas atuais e concepção da educação voltada para a formação plena de pessoas no contexto da sociedade do conhecimento. Aquela atuação demandava a orientação geral do trabalho escolar como dependente sobretudo da organização de recursos físicos, materiais, financeiros e humanos enquanto que as atuais identificam que a qualidade do trabalho se assenta sobretudo nas pessoas pelo emprego adequado daqueles recursos e de suas competências (LÜCK, 2005). Em muitos casos, aqueles recursos eram (são, ainda, em muitos sistemas de ensino) externamente definidos, gerando um sentimento de desresponsabilização em relação aos processos educacionais resultantes de seu emprego e, também, a atitude reativa pela qual se conclui que sem as condições materiais desejadas não se pode promover a formação e a aprendizagem dos alunos. Por outro lado, a atuação do elemento humano só pode ser coordenada de forma efetiva, proximamente em relação a sua dinâmica de sua liderança gera-se o necessário sentido de responsabilidade.

Naquela ótica, assumia-se que as pessoas contavam como número e individualmente, deixando-se de considerar, por exemplo, o efeito dos processos sociais e sua dinâmica, no interior da escola, como

Liderança em gestão escolar

acervo cultural e condição fundamental para as transformações pretendidas e necessárias. Em consequência desse ponto de vista, definia-se esse trabalho de orientação como centralizado na figura do diretor escolar, pelo exercício das funções de controle e cobrança e não de estimulação, motivação, orientação e mobilização do talento humano da escola, coletivamente organizado, para a realização dos processos sociais voltados para a educação.

A partir dessa percepção limitada e, até mesmo, distorcida, a orientação dos processos sociais dentro da escola não foi considerada por muitos como inerente ao trabalho educacional, assim como ao do diretor escolar e equipe gestora, a tal ponto que diretores escolares chegam a fazer afirmações em que denotam a desconsideração a respeito desse imprescindível elemento educativo e de sua responsabilidade em relação às pessoas e aos processos sociais que constroem, tal como anteriormente apresentado.

Como exemplo dessa distorção, identificamos ainda a afirmação de um diretor escolar: *"Com os professores que a escola tem eu não posso fazer nada. Eles não cooperam e estão cada um na sua"*. Explicando por que pensaria dessa forma, o diretor acrescentou que, se lhe dessem professores que cooperassem, a sua escola seria boa e ele teria a possibilidade de ser um bom diretor. Uma outra diretora, em um curso de capacitação sobre desenvolvimento de equipe, afirmou: *"Reconheço que o desenvolvimento de equipe é importante, mas isso não é possível na minha escola, porque os professores são muito individualistas e não colaboram"*. Afirmações semelhantes são ouvidas em vários contextos educacionais. Analisar o que elas representam é fundamental, uma vez que o discurso representa um modo de pensar, e esse modo de pensar orienta a ação adotada pelas pessoas. A partir de percepções reativas, as ações também tendem a ser reativas e, portanto, desmobilizadoras e desmotivadoras no sentido de superação de situações limitadas e desafiadoras.

Identifica-se que essa forma de ver a questão revela, por parte desses diretores, uma compreensão que não considera como seu papel justamente o que seria mais fundamental nele: o exercício da liderança e influência sobre pessoas para que promovam os melhores resultados em termos de desenvolvimento humano, aprendizagem, transformação de práticas, etc. Isto é, não reconhecem que o trabalho da gestão é justamente o de promover a superação de dificuldades, resolver conflitos, eliminar ou diminuir tensões que ocorram no processo escolar e que prejudicam a criação de clima educacional favorável à formação e aprendizagem do aluno. O gestor que espera trabalhar numa condição idealizada, que por certo não existe, sucumbe diante de conflitos e resis-

Liderança em gestão escolar

tências que naturalmente ocorrem em todos os contextos e momentos sociais, e os utiliza para justificar a impossibilidade de promover os resultados pelos quais detém responsabilidade. Desse modo, deixa de assumir seu papel profissional e passa a ser a pessoa comum descompromissada.

Porém, é possível identificar percepções diametralmente opostas à dos supostos "gestores" que agem conforme indicado. Há aqueles, cujo número cresce gradualmente, que, corretamente, reconhecem o elemento humano como sendo a maior riqueza da escola, que consideram as situações de conflito, tensão, resistência e ambiguidade como naturais, e que cultivam diariamente o espírito de equipe: que reconhecem que as escolas têm qualidades a partir das pessoas nelas atuantes, e que a maior responsabilidade dos gestores escolares é promover a articulação entre essas pessoas, mobilizando-as para que, em conjunto, aprimorem cada vez mais seu desempenho educacional e os seus resultados, colocando seus esforços a serviço do papel educacional da escola em que atuam.

Este entendimento vem se tornando cada vez mais forte e constitui a marca registrada das escolas de sucesso. Exemplos de escolas que melhoraram tremendamente pela adoção dessa orientação são já muito frequentes. A revista *Gestão em Rede*, uma publicação do Consed – Conselho Nacional de Secretários de Educação –, publicada desde 1967, apresenta exemplos de casos de gestão escolar bem-sucedida mediante essa orientação, a partir da liderança pelos seus gestores. O Prêmio Nacional de Referência em Gestão Escolar, desse Conselho, desde seu lançamento em 1998, identificou já centenas desses casos no país e tem selecionado todos os anos um caso por unidade federada para representar as experiências de gestão escolar marcada pela liderança para a promoção da aprendizagem dos alunos (CONSED, 2004, 2005, 2006).

3.2. A prática efetiva de liderança no exercício da gestão escolar

Enfim, as escolas podem, tal como identificado em inúmeros casos conhecidos[10], mostrar que são capazes de sair de uma condição mediana ou até mesmo precária, dando um salto de qualidade, a partir da prática de liderança não apenas no exercício da direção da escola, mas também nos demais níveis e âmbitos de gestão escolar, espraiando-se por todo o estabelecimento de ensino. Naturalmente, portanto, a liderança tem sido identificada por pesquisas como um fator crucial para o desenvolvimento da

---

10. Ver a respeito: a) LÜCK, Heloísa; SIQUEIRA, Kátia; GIRLING, Robert KEITH, Sherry. **A escola participativa: o gestor escolar**. Petrópolis: Vozes, 2005. b) Cenpec. **Raízes e asas**. São Paulo: Cenpec, 1995.

Liderança em gestão escolar

qualidade da escola e melhoria da aprendizagem dos alunos[11]. É observado que nenhuma escola existe sem que haja nela uma liderança efetiva (WHITE & BARBER, 1997).

Portanto, a equipe de gestão da escola constitui uma equipe de liderança, cuja atuação nesse sentido necessita ser focada em processos específicos e resultados. Cabe, portanto, a essa equipe atuar no sentido de:

a) Promover e manter um elevado espírito de equipe, a partir de uma visão clara dos objetivos educacionais, missão, visão e valores da escola.

b) Alargar os horizontes das pessoas que atuam na escola, a respeito de seu papel e das oportunidades de melhoria e desenvolvimento.

c) Estabelecer uma orientação empreendedora e proativa na ação conjunta para a realização dos objetivos educacionais.

d) Criar e manter cultura escolar favorável e propícia ao trabalho educacional, à formação dos alunos e sua aprendizagem.

e) Motivar e inspirar as pessoas no seu envolvimento em processos socioeducacionais cada vez

---

11. No artigo de Heloísa Lück: Indicadores para a qualidade na gestão escolar e do ensino. In: Revista **Gestão em Rede**, n. 23, nov./dez. 2000, p. 15-18, são apresentados estudos que apontam, dentre outros indicadores, a liderança como um fator importante para a qualidade do ensino.

mais efetivos, no interior da escola e na sua relação com a comunidade.

f) Estabelecer e manter elevado nível de expectativas a respeito da educação e da possibilidade de melhoria contínua de seu trabalho e dos bons resultados na promoção da aprendizagem dos alunos e sua formação.

g) Dinamizar um processo de comunicação e relacionamento interpessoal aberto, dialógico e reflexivo.

h) Orientar, acompanhar e dar *feedback* ao trabalho dos professores na sala de aula, tendo como foco a aprendizagem.

Comentemos sobre cada uma delas e suas expressões:

a) Promover e manter um elevado espírito de equipe, a partir de uma visão clara dos objetivos educacionais, missão, visão e valores da escola.

Sem um sentido de direção e de significado das ações realizadas para viajar um destino almejado, a viagem se torna estéril. Viaja-se por viajar, apenas para não ficar em casa. Igualmente o trabalho educacional perde-se em uma ação inócua, sem uma compreensão clara, compartilhada por todos da escola, sobre a natureza, a importância e os objetivos do trabalho educacional que realizam assim como o seu significado na vida dos seus alunos em face da missão e visão assumidas na escola para realizar os objetivos educacionais.

Liderança em gestão escolar

Sem a incorporação de valores que sirvam para qualificar as ações necessárias, a escola perde-se em uma viagem sem sentido. É por isso que Peter Drucker (1999, p. 11) aponta ser essencial que "os líderes articulem os valores da organização a que pertencem, mobilizem as pessoas em torno desses valores para incorporá-los", enquanto atuam para promover a realização dos seus objetivos, missão e visão. Sem a compreensão e incorporação desses elementos básicos, deixa de haver espírito de equipe voltado para a educação e unidade de trabalho.

b) Alargar os horizontes das pessoas que atuam na escola, a respeito de seu papel e das oportunidades de melhoria e desenvolvimento.

A ampliação de horizontes constitui-se em condição fundamental do processo de educação, pois, numa sociedade dinâmica e globalizada, segundo um paradigma interativo, todos os alunos, ao desenvolver aprendizagens significativas, devem ter suas perspectivas de realização e de vida expandidas, mediante quadros referenciais amplos e inspiradores, mediante expansão do campo cultural e da possibilidade de interação com o mesmo. Conforme indicado por Suzanna Tamaro (1995, p. 16), "cada um encontra a inspiração no mundo que melhor conhece", que remete à premissa de que sendo os conhecimentos limitados, também o serão as inspirações. Essa realização demanda que os educadores tenham, eles mesmos, horizontes largos, daí por que cabe aos responsáveis por sua liderança terem um cuidado especial no desenvolvimento contínuo dessas perspectivas.

Sabe-se que não são apenas as condições de vida das pessoas que determinam perspectivas vivenciais limitadas, mas sim o desconhecimento de condições mais amplas e diversificadas, assim como a imaginação para superá-las. Estas são determinadas, em grande parte, pelo que conhecemos, como vemos a realidade, como nos vemos nela e como a imaginamos, aspectos que podem ser facilmente expandidos segundo os nossos próprios horizontes.

Assim como a história da humanidade é farta em exemplos de superação de limitações, também temos entre nós grande número de escolas que se superam e ajudam seus alunos a superarem seus limites socioculturais, mediante a inspiração de educadores determinados a construir uma realidade diferente da exposta. Esta determinação e ações correspondentes são, por certo, uma demonstração de liderança efetiva.

c) Estabelecer uma orientação empreendedora e proativa na ação conjunta para a realização dos objetivos educacionais.

A educação sem proatividade e sem empreendedorismo resulta em aprender por aprender, apren-

Liderança em gestão escolar

der para contemplar e não em aprender para aprender, para fazer, para conviver e para ser, que se constituem em objetivos fundamentais da educação, conforme propostos pela Unesco (DELORS, 1999). Portanto, vivenciar essas competências realizadoras constitui-se em práticas presentes em todos os momentos e espaços educacionais, de modo que os alunos as aprendam pela vivência.

Pelo próprio empreendedorismo e proatividade e atuação continuamente renovada por novos estudos, reflexões e aprendizagem profissional, os gestores oferecem exemplos efetivos dessa prática, modelando para os professores e alunos esse modo de ser e de fazer.

d) Criar e manter cultura escolar favorável e propícia ao trabalho educacional, à formação dos alunos e sua aprendizagem.

A cultura escolar consiste no modo de ser e de fazer da escola, construído pelas relações interpessoais no seu interior, pelos valores e atitudes que orientam sua atuação, pelas suas crenças, modo de pensar e modo de encarar e resolver desafios. A cultura escolar constitui-se no ambiente que, por suas características, condiciona a orientação dos alunos, sendo, portanto, determinante na formação de atitudes que favoreçam à aprendizagem. Cuidar dessa cultura representa cuidar desse condicionamento.

Na escola limpa, bem cuidada, que valoriza o trabalho das pessoas; que cultiva a importância e a alegria de aprender sempre mais e melhor, cujos professores oferecem bons exemplos dessa prática; que se orienta pelo espírito da descoberta e é aberta a inovações; que continuamente monitora e avalia suas práticas e resultados, revendo-os e reformulando-os quando necessário; que diariamente monitora a aprendizagem dos alunos, reforçando-a e recuperando-a, conforme o caso, estas são algumas das expressões da cultura escolar propícia à formação e aprendizagem dos alunos e, portanto, atenção contínua da liderança na escola.

e) Motivar e inspirar as pessoas no seu envolvimento em processos socioeducacionais cada vez mais efetivos, no interior da escola e na sua relação com a comunidade.

Gestores capazes estabelecem interligações efetivas entre a escola e a comunidade e de tal modo a superar a tendência ao isolamento e fechamento em si dos ambientes escolares. Boas escolas são aquelas abertas à comunidade, seja convidando seus membros a participarem como voluntários do processo escolar, seja levando os alunos a participarem das problemáticas de sua cidade, emprestando, desse modo, ao currículo, um sentido de realidade, tal como deve ter.

Liderança em gestão escolar

Essa integração e envolvimento das pessoas nesse processo demanda dos gestores cuidados especiais de liderança. É importante destacar, no entanto, que essa inter-relação entre escola e comunidade é efetiva, do ponto de vista educacional, quando realizada a partir dos princípios de enriquecimento curricular dos alunos e exposição do trabalho escolar à avaliação pela comunidade, ao participarem desse processo e, desse modo, superando práticas eventuais e assistencialistas.

f) Estabelecer e manter elevado nível de expectativas a respeito da educação e da possibilidade de melhoria contínua de seu trabalho e dos bons resultados na promoção da aprendizagem dos alunos e sua formação.

Pesquisas internacionais têm identificado que escolas efetivas, em que os alunos mais aprendem, são aquelas em que tanto professores como pais expressam elevadas expectativas em seus alunos e em suas condições para orientá-la (LÜCK, 2000).

Assim como somos o que pensamos, alcançamos o que julgamos poder alcançar. Estudos sobre o "efeito pigmaleão" na escola demonstram como professores com baixa expectativa em relação à aprendizagem de seus alunos produzem, mediante profecia autorrealizadora, o seu fracasso, o inverso ocorre, quando as expectativas são elevadas (SPERRY, 1981).

Todos sabem que bons resultados não acontecem por milagre ou por acaso, mas por força de uma ação orientada por uma crença de que ela produzirá bons resultados. É bom lembrar que essa crença não corresponde a um desejo ou a uma vontade de que as coisas aconteçam sem o nosso esforço. Ela representa, sim, uma atitude mental que tem por base o entendimento de que somos capazes de modificar as situações que nos rodeiam e nos afetam e de que podemos fazer alguma coisa para alcançar nossos ideais.

Fazer um esforço por mudar o nosso enfoque, a nossa perspectiva é, portanto, a condição básica para que usemos a avaliação da aprendizagem dos nossos alunos de modo que estes tenham sucesso na escola, que aprendam o mais plenamente e o máximo o que a escola tem a lhes ensinar, para que realizemos o que Benjamin Bloom (1981, p. XI e XII) identificou:

- "Todos os alunos tornam-se bastante semelhantes em relação à capacidade de aprender, ritmo de aprendizagem e motivação posterior quando lhes são propiciadas condições favoráveis de aprendizagem."
- "Todos os alunos aprendem com sucesso o que a escola lhes deve ensinar, quando os professores acreditam que podem fazê-lo e criam as estimulações e orientações adequadas para isso."
- "Quando o professor altera positivamente suas expectativas em relação ao desempenho de seus alunos passa a agir de forma mais favorável à es-

Liderança em gestão escolar

timulação de sua aprendizagem e o aluno passa a aprender mais e melhor."

O conjunto das condições descritas é fundamental para a qualidade do ensino. Na medida em que a equipe de gestão atua nesse sentido, a liderança está em ação e a gestão em exercício efetivo de suas responsabilidades. Na medida em que elas ocorrem dinamicamente e todas em associação, no dia a dia escolar ganha a educação, ganham os educadores e ganha a comunidade. Sobretudo, o que é mais importante, ganha o aluno, mediante o desenvolvimento de aprendizagens significativas.

g) Dinamizar um processo de comunicação e relacionamento interpessoal aberto, dialógico e reflexivo.

Conforme descrito na literatura, a comunicação é o processo interativo, entre duas ou mais pessoas, que consiste em gerar e atribuir significados, a respeito de todo e qualquer aspecto ou circunstância de sua existência (PATTON & GIFFIN, 1989). Constitui-se em um processo de troca pelo qual as pessoas desenvolvem um entendimento comum sobre os aspectos focalizados, assim como o alargamento e aprofundamento desse entendimento. Verifica-se que, pelo processo de receber e enviar mensagens, intrínseco à comunicação, ocorre o entendimento, o alargamento e o aprofundamento de significados sobre a realidade vivenciada, que se constituem em elementos básicos para a qualidade do trabalho educacional, diretamente dependente da qualidade humana da comunicação.

A comunicação, para esse fim, envolve reciprocidade, circularidade, interatividade, diálogo e retroalimentação (*feedback*). Sem estas características, sem o sentido de "dupla-mão", o que se pode ter é apenas informação, que corresponde a um componente da comunicação, ficando esta truncada. Sem diálogo, troca e reciprocidade não se chega a ter a construção consistente de significados necessária para o posicionamento como sujeito diante das situações vivenciadas.

O processo de comunicação no âmbito da liderança é um ato intencional exercido pelos gestores, de maneira a promover resultados favoráveis à melhor e mais efetiva promoção do processo educacional. Para tanto, e por conseguinte, é importante que os gestores conheçam determinadas características gerais do processo e desenvolvam habilidades respectivas, a fim de poderem se orientar de forma mais consistente na prática da comunicação e fazerem melhor uso desse processo e exercerem a liderança de modo mais efetivo.

h) Orientar, acompanhar e dar *feedback* ao trabalho dos professores na sala de aula, tendo como foco a aprendizagem.

O desenvolvimento profissional e melhoria da qualidade do ensino, a partir de nosso desempenho, se assenta sobre nossa capacidade de compreender

Liderança em gestão escolar

nossas ações e comportamentos, em relação a seus resultados. Portanto, envolve um processo contínuo de autoavaliação, pelo qual verificamos as várias nuanças de nosso desempenho e identificamos os aspectos em que necessitamos de melhoria.

No entanto, em geral, não somos bons observadores e avaliadores de nós mesmos, em vista do que necessitamos de outros para nos auxiliar nesse processo. Esse auxílio ocorre sob a forma de *feedback*, que consiste num processo de informação interpretada a respeito de como uma ação ou um comportamento são percebidos em relação a seus resultados.

Torna-se, portanto, necessário o acompanhamento do trabalho do professor na sala de aula com foco na interação entre as práticas de ensino e a aprendizagem dos alunos, processo esse que se constitui em uma condição essencial do trabalho de gestores escolares. Pesquisas identificam que escolas onde os alunos mais aprendem são aquelas em que os gestores escolares orientam, acompanham e dão *feedback* ao trabalho dos professores na sala de aula (SAMMONS; HILLMAN & MORTIMORE, 1997). Sem esse acompanhamento, a liderança pedagógica aos professores fica prejudicada, uma vez que sem ela não é possível realizar uma dimensão importante dessa liderança, que é o *feedback*.

O *feedback* revela o que se espera da pessoa, orienta o seu desempenho, reforçando o que deva ser reforçado, clarificando o que estiver obscuro, apontando aspectos que devam ser substituídos, alterados ou eliminados. Dessa forma, constitui-se em um processo sem o qual não se realiza de forma clara a orientação do trabalho pedagógico e a aprendizagem. Sem a capacidade de dar *feedback* os gestores não realizam gestão e os professores não promovem aprendizagem. É com o *feedback* que o processo de desenvolvimento de habilidades docentes e a aprendizagem dos alunos se desenvolvem. Como o *feedback* só é possível a partir de observação do desempenho, aos gestores que não acompanham continuamente o trabalho da sala de aula, assistindo a aulas e emitindo o seu *feedback* a respeito, fica, portanto, um alerta sobre essa falta.

O grupo de diretores escolares à frente de escolas selecionadas em cada Estado, como destaque por sua gestão, identificados pelo Prêmio Nacional de Referência em Gestão Escolar – 2001[12], ao serem perguntados sobre que características eram destacáveis em sua pessoa, que teriam tornado possível colocar sua escola em posição de destaque, indicaram, em conjunto, 48 qualidades, dentre as quais se destacam, com maior número de indicações: responsabilidade, gosto de trabalhar, acreditar no que faz, coragem, determinação, dedicação, honestidade, ami-

---

12. Prêmio estabelecido pelo Consed, em parceria com Unesco, Undime e Fundação Roberto Marinho, que premia escolas e diretores por seu esforço em melhorar a gestão escolar.

Liderança em gestão escolar

go(a) das pessoas, companheiro(a), sensibilidade, bom humor e otimismo. Porém, também apontaram que não bastam essas características: é necessário ter um foco claro no trabalho a ser realizado.

> **Ingredientes pessoais voltadas para a prática da liderança**
>
> • Pessoas agregadoras de conhecimento para perceber a organização na sua complexidade.
>
> • Pessoas habilidosas, transbordando proficiência para fazer acontecer e fazer a diferença.
>
> • Pessoas com atitude, capazes de ousar, empreender, mudar, contar histórias, decidir, criar, criticar, refletir, mediar, conduzir, interagir e correr riscos.
>
> • Pessoas entusiasmadas, agindo muito além do otimismo, felizes e apaixonadas com e pelo trabalho que fazem, comprometidas com o negócio, com a visão pessoal e organizacional, bem como com objetivos, metas e resultados (SANTOS, 2005, p. 13).

4
O desenvolvimento de competências de liderança

Partindo-se do princípio de que a capacidade de liderança não é inata e de que ela corresponde a um processo social, que se desenvolve tanto a partir da dinâmica da conjuntura sociocultural como do esforço de pessoas em contribuir para o desenvolvimento dessa conjuntura, conclui-se que ela pode ser desenvolvida no contexto das experiências em grupos sociais. Para esse desenvolvimento é importante associar quatro dimensões fundamentais que, aliás estão indicadas como os pilares da aprendizagem para o século XXI: conhecer, ser, fazer e conviver (DELORS, 1999). Esse desenvolvimento se assenta sobre a ação orientada para a construção de conhecimentos e aquisição de habilidades e de atitudes, tanto a partir de leituras, de observações em experiências e de reflexões pelas quais compreende a si mesmo(a) e suas competências pessoais em relação aos resultados de sua atuação.

A todos que atuam em educação cabe o exercício de liderança pelos preceitos da liderança comparti-

Liderança em gestão escolar

lhada, da liderança educativa e da coliderança em seus contextos específicos de trabalho. Como a educação é um processo social, qualquer trabalho na escola deve ser considerado segundo essa dimensão, da qual a liderança é um processo imanente. Pode-se, portanto, dizer que o sucesso de todos e cada um está diretamente vinculado a essa competência de liderança dos participantes da comunidade escolar.

O desenvolvimento de conhecimentos, habilidades e atitudes, no entanto, baseia-se em um esforço individual, uma vez que, cabe a cada pessoa, assumir a responsabilidade pessoal por melhorar o seu desempenho. É também coletivo, mediante a realização de oficinas, estudos em grupo, troca de experiências e de experimentação, seguidas de reflexão e *feedback*.

Embora algumas pessoas pareçam ter mais facilidade que outras para o exercício da liderança, diferentemente do que se possa pensar, a liderança não é uma condição definida no nascimento da pessoa. As pessoas não nascem líderes. Certas pessoas com fortes características e traços de personalidade que as identificam como líderes certamente tiveram, desde a infância, experiências de vida que contribuíram de forma significativa para que desenvolvessem certos valores, atitudes e habilidades fundamentais para a liderança. Outras, ao longo da vida, assumiram, deliberadamente, o enfrentamento a desafios de coordenação e orientação de pessoas e, ao fazê-lo, procuraram desenvolver habilidades para melhor exercer esse processo, observando as reações das pessoas, ao seu modo de agir e de falar, promovendo os necessários ajustamentos necessários à obtenção de melhores resultados.

4.1. O desenvolvimento contínuo de conhecimentos, habilidades e atitudes de liderança

Trata-se, portanto, a liderança, de um conjunto de características desenvolvido continuamente ao longo da vida, mediante a vivência de processos sociais e a orientação intencional para o desenvolvimento de certos conhecimentos, habilidades e atitudes compatíveis com a sua prática. Vale dizer que ninguém se torna líder pela simples vontade, mas sim pelo exercício consciente e intencional de responsabilidades sociais juntamente com outras pessoas. Essa dimensão é reconhecida pelo saber popular que indica: "aprende-se a fazer, fazendo". Mas é preciso mais do que isso. É bom lembrar, a respeito, que a liderança está associada à atuação da pessoa em ações concretas, em vista do que uma pessoa reconhecida comumente como líder pode ser, em certos momentos, seguidora, ou até mesmo apática e omissa em outros.

Desenvolver habilidades e atitudes de liderança é possível – e imprescindível para quem desempenha funções educacionais e de gestão escolar – mediante a prática intencional e contínua das habilidades e atitudes correspondentes. Essa prática se torna mais

Liderança em gestão escolar

efetiva quando associada a ela há o esforço e a orientação pessoal no sentido de identificar as características dos comportamentos assumidos e a sua relação com os seus efeitos. Inicialmente sob a forma de exercício, ela passa, gradualmente, a ser mais natural até incorporar-se ao conjunto de habilidades e atitudes da pessoa, isto é, ao seu modo de ser e de fazer.

É importante ter em mente que, como a liderança resulta de um conjunto de conhecimentos, habilidades e atitudes que devem ser desenvolvidos, é possível e necessário aumentar o controle sobre sua aprendizagem, mediante processos sistemáticos de observação-reflexão-prática, em vez de deixar que essa aprendizagem ocorra ao acaso e espontaneamente.

> O *conhecimento* corresponde a um processo cognitivo de *insight* e compreensão do significado de dados e informações e sua relação entre si. O conhecimento corresponde a conceitos, sistema de pensamento e princípios que, mediante a compreensão, reduz a massa de informações e experiências em denominadores comuns.
>
> A *habilidade* constitui o poder de desempenhar uma tarefa ou função, de cumprir objetivos propostos, mediante a combinação entre uma operação, um conteúdo e um produto, isto é, a combinação entre o saber fazer, o conhecer e a orientação desse saber fazer, a partir de noção clara de resultados pretendidos.
>
> A *atitude* constitui a tendência da pessoa de pensar, sentir e agir de determinada forma em relação a objetos e circunstâncias sociais. A atitude constitui a dimensão de saber ser.

Em linhas gerais, o desenvolvimento de conhecimentos, habilidades e atitudes de liderança na escola torna-se efetivo na medida em que integre:

a) certos requisitos básicos de ação;

b) uma concepção dessa atuação;

c) uma concepção dos objetivos específicos e gerais pretendidos em relação ao processo educacional.

Alguns princípios são identificados como importantes para orientar o desenvolvimento dessa competência:

Conheça-se a si mesmo e procure melhorar continuamente como pessoa

"Conhece-te a ti mesmo" foi o mote da escola socrática, destacando esse conhecimento como a base de todo conhecimento sobre a realidade e das condições para a melhoria pessoal. A melhoria do desempenho pessoal é orientada a partir da identificação pessoal do talento e das forças a serem maximizadas e das limitações e aspectos que demandam melhoria. Identifica-se que bons profissionais da educação são, necessariamente, boas pessoas e que o inverso não ocorre. Cultivar boas qualidades pessoais, a partir do autoconhecimento, é necessariamente uma demanda para todos os profissionais e, sobretudo, para os educadores, por seu papel de liderança e influência sobre todos que passam pelas instituições educacionais.

Liderança em gestão escolar

Desenvolva competências profissionais

A liderança se assenta sobre o domínio de competências necessárias para a atuação em sua área profissional e uma visão de conjunto que permite oferecer o sentido do trabalho da escola. São necessárias tanto competências gerais de liderança como as relacionadas a contextos específicos de seu exercício. Níveis e modalidades diferentes de ensino, assim como tamanho de escola e localização, demandam diferentes competências. A competência, associada ao comprometimento, permite à pessoa que exerce liderança tornar-se confiável e ser reconhecida por sua credibilidade, uma condição fundamental para que possa exercer influência sobre os outros.

Desenvolva competências para o enfrentamento de situações de tensão, contradição e mediação de conflitos

Todo processo social é caracterizado por contradições, tensões, ambiguidades e conflitos, naturais de sua dinâmica, que ocorrem sobretudo quando valores, objetivos e interesses conscientes ou inconscientes estão em desacordo e se confrontam uns com os outros. Dessa situação resulta uma energia interna, uma vital dinâmica social desperdiçada por ser mal canalizada. Quando essa energia é desconsiderada, distorcida ou até abafada os desperdícios são ainda maiores. Em vez de ser algo a ser evitado, ou abafado e desconsiderado quando ocorre, pode ser, porém, uma força criativa na promoção das mudanças necessárias. Mesmo porque mudança e conflito são praticamente inseparáveis. Aliás, são essas condições que tornam a liderança especialmente necessária. Compreender a dinâmica interpessoal e os seus desdobramentos, assim como as forças que movimentam esse relacionamento, e, finalmente, agir a partir de inteligência emocional e social, é fundamental para uma boa liderança.

Conflitos e tensões podem se referir a valores, quando forem causados por mudança de objetivos educacionais, sociais, políticos ou econômicos, para os quais os membros da comunidade escolar não se acham preparados. Referem-se a conflitos e tensões de poder, quando ocorre uma redistribuição de poder repentina. Referem-se ainda a condições práticas, quando há dificuldade em demonstrar a utilidade de ideias e ações. Por fim, referem-se também a condições psicológicas caracterizadas por sentimentos menores, como inveja, ciúme, raiva, irritabilidade exagerada ou medo do desconhecido e de assumir riscos. Compreender tais expressões se baseia em uma importante sensibilidade de liderança.

Desenvolva uma atitude necessária ao trabalho compartilhado e em equipe

A liderança se constrói a partir de trabalho conjunto e compartilhado, que demanda do líder a competência necessária ao enfrentamento de posições

Liderança em gestão escolar

individualistas e corporativistas, inadequadas à realização dos objetivos educacionais, mas que, infelizmente, se fazem presentes em menor ou maior intensidade e frequência nas escolas.

A superação de tendência ao individualismo e corporativismo constitui-se, portanto, em condição básica para o desenvolvimento da atitude em questão.

Conheça a natureza do trabalho educacional e da aprendizagem

O trabalho educacional envolve uma série de dimensões que vão desde as suas áreas de fundamentação, como, por exemplo, a filosofia, a sociologia e a psicologia de educação até a estrutura e funcionamento do ensino e a legislação passando por todas as dimensões dos processos educacionais. As diretrizes educacionais norteadoras dos diferentes níveis e modalidades de ensino, os princípios e processos de aprendizagem, a compreensão de como os alunos aprendem, fazem parte desse acervo de conhecimentos.

Desenvolva expectativas elevadas sobre o seu trabalho educacional e o da escola

A liderança é necessariamente relacionada com expectativas elevadas, mola propulsora da proatividade. Desse modo, para o exercício da liderança é necessário prestar atenção às próprias expectativas em relação aos resultados que se propõe alcançar, os quais devem representar uma verdade própria, interior, e não uma demanda do mundo externo. A efetividade dessa orientação como partindo do próprio eu nos é dada por Herrighel (1983), em *A arte cavalheiresca do arqueiro zen*: "é dessa maneira que o arqueiro atinge o alvo, sem mirá-lo externamente". Impregnando-se a si mesmo da crença de que as aprendizagens dos alunos são uma realidade possível, a partir do próprio trabalho, este se realiza de forma inspiradora e multiplicadora.

Foque sua atenção no desenvolvimento de uma ótica própria de um agente de mudança.

Verifica-se com facilidade que a escola despende grandes esforços no sentido da preservação de uma cultura estabelecida, de seu modo de ser e de fazer contumaz, em detrimento da melhoria da qualidade do ensino, segundo as necessidades de uma época em que a rapidez da mudança é a tônica. A respeito, é fundamental o alerta no sentido de que a escola não pode deixar de absorver as lições da história que demonstram não haver nada tão inevitável na sociedade quanto a mudança. Essa mesma história identifica que as organizações e os grupos sociais que não conseguem se renovar estão fadados a ficarem anacrônicas rapidamente e perdem sua vitalidade e até mesmo sua razão de ser. Portanto, um dos grandes desafios da liderança escolar nos dias atuais consiste

Liderança em gestão escolar

em atuar como agente de mudança visando a contínua renovação dos processos socioeducacionais.

Destaca-se mesmo que a liderança está associada à inovação e à mudança e não à conservação e reprodução. Daí por que as habilidades de liderança se assentarem sobre o desenvolvimento, pelo gestor, não só de uma aceitação ativa de mudanças, mas também de uma vivência da mudança como um modo de ser próprio. As habilidades de promoção e orientação para a mudança passam, por certo, pelas habilidades de articular o melhor do passado com as melhores perspectivas de futuro, e de superar as inadequações do passado, ao mesmo tempo superando os medos e as inseguranças diante de novos desafios.

Resumidamente, pode-se definir os seguintes princípios de capacitação e desenvolvimento de competências de liderança:

- Conheça suas forças pessoais e as maximize, e conheça suas fraquezas e limitações e as supere.
- Conheça os fatores e princípios da liderança e desenvolva conhecimentos, habilidades e atitudes para o seu exercício.
- Conheça a natureza humana e desenvolva uma sensibilidade e aceitação para as suas contradições, assim como as habilidades para lidar com ela.
- Conheça a natureza do seu trabalho, compreenda os seus múltiplos desdobramentos e desen-

volva o domínio dos fundamentos, métodos e técnicas necessários para essa atuação profissional.

• Conheça a escola como uma organização social e compreenda a sua cultura, em seus desdobramentos, possibilidades e limitações a serem superadas.

• Desenvolva habilidades de comunicação, relacionamento interpessoal, gestão de conflitos e desenvolvimento de equipe.

Assim como os gestores escolares devem assumir iniciativa para o desenvolvimento de tais competências pessoais, dentre outras, cabe a eles promover condições, na escola, no sentido de que todos que participam da comunidade escolar possam também desenvolver essas competências, que se expressam num *continuum* de possibilidades, de acordo com as demandas contextuais e as possibilidades de desenvolvimento dos envolvidos. Portanto, o desafio para os gestores é o de alcançar estágios mais competentes de liderança, enquanto busca promover esse mesmo objetivo em relação aos outros. É justamente esse o ensinamento do arqueiro zen, anteriormente referido: ao mesmo tempo em que desenvolve uma experiência interior, persegue um resultado exterior; apontando para fora, aponta para si mesmo, ou não conseguirá acertar o alvo. Pois nenhuma lição poderá ensinar aquele que não a apren-

Liderança em gestão escolar

der também. Portanto, é na prática que se desenvolve e são desenvolvidas competências de liderança.

Várias situações focais para esse desenvolvimento são a seguir apresentadas.

4.2. Oportunidades e condições focais para o desenvolvimento da liderança

Como uma das características mais significativas da liderança é a determinação e luta constante pela melhoria contínua, o desenvolvimento é a sua orientação e o seu objetivo. A cada resultado obtido, novos desafios são identificados e estabelecidos. Por essa orientação, identifica-se que liderança e educação fazem parte de um mesmo processo, já que a educação constitui-se no processo de promoção do desenvolvimento contínuo de pessoas e grupos de pessoas, tendo em vista levá-las a desenvolver o seu talento, e a aprender a utilizá-lo produtivamente.

Desse entendimento resulta reconhecer que todos os educadores devem exercer e desenvolver sua capacidade de liderança, por ser inerente ao seu trabalho. Em vista disso, uma tarefa muito importante da gestão escolar é a de promover entre os profissionais que atuam na escola a sua capacidade de liderança. Vale dizer que liderança não deve ser atuação reservada aos gestores, conforme já indicado, mas sim que, a partir de sua liderança efetiva e orientação segura, possam promover o desenvolvimento da liderança pelos demais profissionais da escola e seus alunos, de tal modo que o estabelecimento de ensino se constitua em uma comunidade de liderança.

A seguir são destacados alguns princípios fundamentais que cabe aos gestores escolares levar em consideração como condição para aumentar a sua liderança de modo a promover o exercício da liderança por todos os profissionais da escola. Eles fazem parte de um conjunto de oportunidades e condições focais para o desenvolvimento da liderança e de competências correspondentes.

i) Desenvolva e expresse disponibilidade em aceitar os desafios da liderança

É relativamente comum que profissionais responsáveis pela coordenação de equipes, quando confrontados pelos seus coordenados, a respeito da necessidade de realizar uma determinada atividade ou produzir um determinado resultado, sugerirem que a responsabilidade por tal determinação não é sua, mas de uma outra pessoa a quem devem obedecer.

Diretores de escola, ao indicarem para seus professores que determinada ação deve ser realizada porque a Secretaria de Educação determinou, além de indicarem serem meros "atravessadores" e, dessa forma, abdicarem de sua responsabilidade pelos processos envolvidos, passam para a comunidade escolar uma série de mensagens e significados de grande efei-

Liderança em gestão escolar

to negativo na cultura escolar. Sugerem, dessa forma, que o importante é seguir ordens, sem assumir responsabilidade pelos próprios atos; que é válido fazer, sem ter ideia dos objetivos com que se age; que não há espaço na escola para o desenvolvimento da autonomia, isto é, da capacidade de assumir responsabilidade pelos seus atos, dentre outros significados.

Dessa forma, criam na escola uma cultura de desresponsabilização, pois os professores, imitando-os, indicam aos alunos que certos comportamentos não são permitidos porque o diretor não quer. O ambiente escolar passa então a ser deseducativo, contrariamente à sua razão de ser. A construção da autonomia, da capacidade de assumir responsabilidades pelos seus atos, constitui-se em um dos objetivos mais importantes da educação e ele é promovido mediante a autorresponsabilização dos profissionais pelas ações. Este é, aliás, um componente básico da profissionalização pelo desenvolvimento de competências.

ii) Estimule o melhor que existe nas pessoas ao seu redor

Todas as pessoas têm qualidades e defeitos, fazem coisas certas e coisas que não dão certo. Na medida em que reagimos negativamente aos aspectos desfavoráveis e damos evidência a eles como sendo uma marca pessoal e não como uma circunstância, as pessoas vão tendo reforço para esses aspectos que passam a ser os mais evidentes. Pense a respeito sobre o significado do provérbio popular: "Faze a fama, e deita-te na cama". Dessa forma, construímos um ambiente totalmente desfavorável ao ambiente educacional, que deve, no entanto, ser orientado para identificar erros como oportunidades de aprendizagem, e características pessoais de desempenho como expressões que podem ser alteradas pela orientação adequada.

Se queremos que nossos professores ajam construtivamente com seus alunos, devemos fazer o mesmo com eles. Nisso, pois, consiste um princípio fundamental da liderança e do desenvolvimento de suas competências na escola.

iii) Tenha clara a dimensão de importância de coisas e ações

Damos muita importância a pequeninas coisas, que, muitas vezes, a partir de dramatizações, passam a ganhar um destaque maior que o devido, não nos sobrando tempo e energia para as coisas que realmente têm importância. Por exemplo, um supervisor pedagógico reclamava dos professores de sua escola que não eram capazes de formular bons exemplos para suas aulas e em toda reunião "martelava" as mesmas questões com seus professores. No entanto, deixava de ver que muitos dos conceitos trabalhados pelos professores eram truncados, limitados e incapazes de promover aprendizagens adequadas, em vista do que, bons exemplos para concei-

Liderança em gestão escolar

tos errados ou inadequados não contribuiriam para o desenvolvimento de aprendizagens significativas. Nesse caso, o secundário ganhava importância na ótica do supervisor que deixava o essencial sem atenção. É muito comum semelhante prática, mediante a ênfase que se atribui a aspectos operacionais e detalhes, como se valessem por eles mesmos, sem a consideração às suas concepções norteadoras.

Exercer liderança sobre questões limitadas promove a limitação, em razão do que os gestores, como parte de sua formação para a liderança, precisam aprender a distinguir o essencial do secundário, o supérfluo e eventual do consistente e contínuo.

iv) Oriente-se para a melhoria contínua

Quando os gestores ficam satisfeitos com as condições e processos sociais presentes na escola, não percebem perspectivas para a sua melhoria e não almejam promovê-las, estão fadados a realizar uma ação profissional medíocre e a promover resultados insuficientes em sua escola. Muitas vezes, em cursos de capacitação, em que se apresentam ideias a respeito de ações de gestão, ouve-se, muitas vezes, diretores dizendo: *"isso eu já faço"*, *"a minha escola é ótima, já tem todas essas condições"*. Tais colocações revelam uma falta de perspectiva e de orientação para a melhoria contínua, pois nenhuma situação complexa, como é o caso dos processos educacionais, é na realidade completa e perfeita. Sempre há aspectos e desdobramentos novos a serem enfocados, níveis maiores de desenvolvimento a serem promovidos. Mesmo porque nenhuma situação é igual a outra, demandando um novo olhar, um novo enfoque e competências diferenciadas. Portanto, manter um certo nível de insatisfação com os resultados faz parte da melhoria contínua e desenvolvimento de novas competências. Tanto resultados como competências sempre podem ser melhores.

v) Estabeleça um plano para o desenvolvimento de habilidades de liderança

A capacidade de liderança não emerge plena, de repente. Ela se desenvolve passo a passo, a partir de uma ação intencional e orientada para o seu desenvolvimento. Essa intenção e orientação são estabelecidas por um plano de ação para esse desenvolvimento. Depois de analisar os seus desafios e as suas limitações são propostos os objetivos específicos de desenvolvimento da liderança e de sua competência e as condições em que irá exercê-las.

Um plano para o desenvolvimento pessoal de habilidades e atitudes de liderança e, como membro da equipe de gestão, um plano para o desenvolvimento dessas habilidades no âmbito da escola como um todo, de forma que seja uma comunidade de liderança, são mapas fundamentais para o desenvolvimento de competências em serviço.

Liderança em gestão escolar

Para apoiar as importantes habilidades apresentadas é fundamental o contínuo esforço por aprimorar o acervo de conhecimentos, que são necessários à fundamentação e orientação esclarecidas das ações. Esse acervo deve ser amplo, tendo em vista a complexidade dos processos socioeducacionais. No quadro 4 são pontuados alguns conhecimentos fundamentais referentes ao processo ensino-aprendizagem, que é o foco final da liderança pelo gestor escolar, e referente aos processos de relacionamento interpessoal e comunicação, nos quais a educação se realiza. É importante lembrar que esse quadro apenas pontua questões básicas, devendo ser enriquecido pelos que se dedicam a aprimorar o seu desempenho, mediante o cuidado com sua própria capacitação.

Quadro 4 - Conhecimentos destacados como fundamentais para o exercício da liderança escolar focada na aprendizagem

Em relação ao processo ensino-aprendizagem

• Conhece teorias de aprendizagem e compreende os efeitos de sua expressão no processo de aprender.

• Compreende a dinâmica do desenvolvimento de crianças e adolescentes, em suas várias dimensões.

• Conhece a teoria do currículo e compreende sua relevância na organização do currículo escolar.

• Compreende os princípios e modelos efetivos da promoção de aprendizagem significativa para os alunos.

- Conhece as diretrizes nacionais orientadoras do nível e modalidade de ensino em que atua.

- Conhece estratégias de monitoramento qualitativo e quantitativo de aprendizagens dos alunos e de sua orientação pelos professores.

- Conhece estratégias de supervisão, acompanhamento, orientação e *feedback* do desempenho profissional orientado para a promoção de aprendizagem.

- Compreende a natureza dos processos de dinâmica de grupo, relacionamento interpessoal e da dimensão afetiva e social envolvidos no processo ensino-aprendizagem.

Em relação aos processos de relacionamento interpessoal e comunicação

- Compreende teorias de relações humanas e de dinâmica de grupo.

- Compreende os princípios de comunicação efetiva e domina estratégias de ouvir, falar, comunicação não verbal e escrita, adequadas ao processo educacional.

- Compreende teorias de motivação humana e suas expressões na realidade educacional.

- Compreende processos de conflito, resistência a inovações, construção de consenso, tomada de decisão compartilhada, trabalho em equipe e processos sociais em geral.

Uma forma extremamente importante para o desenvolvimento de competências para o exercício da liderança consiste na realização de autoavaliação.

Liderança em gestão escolar

No anexo 1 é apresentado um instrumento que permite ao gestor realizar, mediante autoavaliação, um inventário de habilidades e atitudes de liderança, de modo que, a partir dele, possa determinar aspectos em que necessite melhorar. Já o anexo 2 apresenta um inventário de atitudes e comportamentos contrários ao exercício da liderança. Evidencia-se também como é importante prestar atenção a atitudes e comportamentos pessoais que podem contribuir de maneira negativa na possibilidade de influência sobre as pessoas, tendo em vista o seu controle e a melhoria do acervo pessoal de habilidades e atitudes de gestão. Os inventários apresentam aspectos elencados a partir de pesquisa realizada em atividades de grupo, a respeito de que comportamentos dos líderes são adequados para promover o avanço dos grupos, e quais os negativos que impedem o seu desenvolvimento[13].

Quando nos descuidamos de nosso comportamento, e agimos desatentamente, resulta que, inadvertidamente, fazemos coisas que podem causar danos nos processos sociais, sem o percebermos. Um tom de voz, um gesto, uma expressão facial, a estru-

---

13. A lista foi montada a partir de depoimentos de mais de 800 pessoas envolvidas, ao longo de vários anos, em diferentes circunstâncias, em atividades de grupo, para a capacitação de liderança e desenvolvimento de equipe, promovidas pelo Cedhap – Centro de Desenvolvimento Humano Aplicado, em Curitiba, perfazendo mais de 200 horas de capacitação.

tura de uma frase, a seleção de palavras podem passar mensagens contrárias ao que deveríamos estar dizendo. Daí, portanto, ser necessário que cuidemos desses aspectos.

> Áspero é o caminho da aprendizagem... mas dessa experiência pessoal resulta a suavidade da existência (HERRIGEL, 1983, p. 57).

Palavras finais

A liderança constitui-se, por certo, em uma dimensão fundamental da gestão escolar. Sem o seu exercício, as ações do dirigente escolar ou supervisor pedagógico se reduzem à dimensão administrativa de seu trabalho, de efeitos limitados e sem orientação para o necessário desenvolvimento e transformação pelas quais as escolas devem passar, para continuarem a desempenhar seu papel educacional em uma sociedade que sofre mudanças substanciais continuamente e cuja dinâmica se acentua cada vez mais. Sem ela, adota-se a tendência de orientar o trabalho para focalizar o regular, o formal, o estabelecido, as estatísticas em si consideradas, em total desconsideração ao que é mais importante: o espírito de desenvolvimento humano e seus processos sociais no contexto da escola. Estes, caracterizados pela criatividade, inovação, capacidade de resolução de problemas, em constante movimento de realização.

Neste livro procurou-se apresentar a problemática da liderança no contexto escolar, de modo a subsidiar, sobretudo, as pessoas diretamente responsáveis pela sua liderança, em decorrência do cargo e

Liderança em gestão escolar

funções que exerçam, isto é, seus diretores, supervisores pedagógicos e orientadores educacionais. No entanto, não se deixou de evidenciar a importância do desenvolvimento de práticas de liderança espraiadas por todos os que participam do processo educacional, desde alunos, passando pelos pais, funcionários e professores, práticas essas a serem orientadas pelos gestores escolares.

Como se trata a liderança de um processo complexo, caracterizado por múltiplos desdobramentos, e aberto a variações, em acordo com variações do contexto cultural e da temporalidade a que estão circunscritas, as descrições e análises apresentadas sobre o tema não se esgotam nem deixam de ser sujeitas ao debate. Sobretudo, são limitadas e incompletas. Embora cada um dos enfoques apresentados possa apresentar um apelo importante para orientar a ação de liderança, é importante ter em mente que ela deve ser orientada conforme os princípios paradigmáticos da gestão, que são os da interatividade, visão de conjunto e abrangência, em vista do que, a combinação de diferentes dimensões, processos e características oferece condições de maior efetividade da liderança.

Destaca-se ser importante, nesses estudos, adotar uma ótica interativa e integradora de tal modo que, em vez de se perguntar de forma dicotômica quanto tempo é gasto em liderança e quanto em administração, se deve perguntar qual a intensidade da liderança exercida em todas as ações da escola.

Sobretudo, se deve perguntar em que medida foram empregadas "atitudes predispostas a abarcar a multiplicidade de significações que surgem" (GAYOTTO, 2003, p. 12) no processo educacional.

Neste trabalho, embora tenhamos apresentado posições dicotômicas, tal como registradas na literatura sobre o tema, o fizemos sempre destacando que, na realidade, o importante não é a definição de uma posição fechada e fixa, mas sim a adoção de uma posição aberta e flexível, tal como demanda o próprio espírito da liderança, que é centrado em pessoas coletivamente organizadas e não em sistemas de ação predefinidos.

O alerta aos gestores educacionais no sentido de que deem especial atenção às práticas de liderança é fundamental, uma vez que já se tem observado entre nós a tendência de se mudar denominações do trabalho, sem mudar suas práticas, vindo, dessa forma, a desgastar os novos conceitos criados para representar práticas mais significativas, em acordo com novos desafios. O exercício da liderança é fundamental ao processo educacional, de modo que possa superar sua tendência reprodutivista que limita enormemente a qualidade do ensino. A mobilização das pessoas para aprenderem em conjunto, vislumbrarem novos horizontes e novas práticas educacionais, desenvolverem o espírito de realização e entusiasmo, como parte da alegria de aprender.

> Líderes verdadeiros são pessoas comuns, com determinação extraordinária (J.C. MAXWELL).

Índice de quadros

Quadro 1 - Atitudes identificadas em pessoas que expressam comportamentos de liderança, 74

Quadro 2 - Dois estilos de liderança, 85

Quadro 3 - Distinção entre *managers* (chefes) e líderes, 100

Quadro 4 - Conhecimentos destacados como fundamentais para o exercício da liderança escolar focada na aprendizagem, 138

Referências bibliográficas

BALL, Stephen J. Profissionalismo, gerencialismo e performatividade. **Cadernos de Pesquisa**, vol. 35, n. 126, set.-dez./2005, p. 539-564.

BENNIS, Warren. The leadership advantage. **Leader to leader**, n. 12, 1999 [www.leadertoleader.org.knowledgecenter/L2L/spring99/bennis.html].

_____. **A formação do líder**. São Paulo: Atlas, 1999.

BISCAIA, João Alfredo. **Liderança**, 2007 [www.Institutomvc.com.br/costacurta/artjab03liderança].

BLOOM, Benjamin S. **Características humanas e aprendizagem escolar**: uma concepção revolucionária do ensino. Porto Alegre: Globo, 1981.

BUSH, Tony & GLOVER, Derek. **Leadership development**: evidence and beliefs. Nottingham: National College for School Leadership, 2004.

_____. **School Leadership**: concepts and evidence. Nottingham: National College for School Leadership, 2003.

CEDHAP – Centro de Desenvolvimento Humano Aplicado. **Programa Escola Inteligente para capa-**

citação a distância de gestores escolares, em equipe: Dinamizador de Aprendizagem-Ação n. 2. Curitiba: Cedhap, 2003.

CENPEC. **Raízes e asas**. São Paulo: Cenpec, 1995.

CERQUEIRA, Doralice Marques de Araújo. **Gestão pública**: uma análise da prática. Salvador: UFBA-Programa de Pós-Graduação em Educação, 2000.

COLLARBONE, Pat & BILLINGAHM. Leadership and our schools. **Research matters,** n. 8, Spring, 1998.

CONSED. **Prêmio Nacional de Referência em Gestão Escolar** – 2005: escolas referência nacional em gestão: experiências de sucesso. Brasília: Consed, 2006.

_____. **Prêmio Nacional de Referência em Gestão Escolar** – 2004: escolas referência nacional em gestão: experiências de sucesso. Brasília: Consed, 2005.

_____. **Prêmio Nacional de Referência em Gestão Escolar** – 2003: escolas referência nacional em gestão: experiências de sucesso. Brasília: Consed, 2004.

CUBAN, L. **The managerial imperative and the practice of leadership in schools**. Albany, NY: State University of New York Press, 1988.

DAY, Christopher & HARRIS, Alma. **Effective school leadership**. Nottingham: National College for School Leadership, 2001.

DEERING, Anne; DILTS, Robert; RUSSEL, Julian. Leadership cults and cultures. **Leader to leader,** n. 28, 2003, p. 18-23 [www.leadertoleader.org/knowledgecenter/L2L/spring2003/deering.html].

DELORS, Jacques et al. **Educação**: um tesouro a descobrir. 3. ed. São Paulo: Cortez/Unesco/MEC, 1999.

DRUCKER, Peter. **De líder para líder**. São Paulo: Futura, 1999.

FALLON, William K. **Leadership on the job**: guides to good supervision. New York: Amacom, 1994.

FERNANDES, Maria Nilza de Oliveira. **Líder-educador**. Petrópolis: Vozes, 2001.

FULLAN, Michael & HARGREAVES, Andy. **A escola como organização aprendente**. Porto Alegre: Artmed, 2000.

GAYOTTO, Maria Leonor Cunha (org.). **Liderança II**: aprenda a coordenar grupos. Petrópolis: Vozes, 2003.

GOLEMAN, Daniel. **Inteligência emocional**. Rio de Janeiro: Objetiva, 2001.

GRÜN, Anselm. **A sabedoria dos monges na arte de liderar pessoas**. Petrópolis: Vozes, 2006.

HALLORAN, Jack. **Applied human relations**: an organizational approach. Englewood Cliffs, N.J.: Prentice-Hall, 1990.

Liderança em gestão escolar

HERRIGEL, Eugen. **A arte cavalheiresca do arqueiro zen**. São Paulo: Melhoramentos, 1983.

HOUSE, R.J. **Culture, leadership and organizations**: The Globe study of 62 societies. Sage: London, 2004.

HUERTAS, Franco. **Entrevista com Carlos Matus**: O método PES. São Paulo: Fundap, 1996.

KATZ, Daniel & KAHN, Robert L. **Psicologia social das organizações**. São Paulo: Atlas, 1978.

KELLEHER, Kelb. A melhor lição de liderança. In: DRUCKER, Peter. **De líder para líder**. São Paulo: Futura, 1999.

KOTTER, John P. Fazendo a mudança acontecer. In: DRUCKER, Peter. **De líder para líder**. São Paulo: Futura, 1999.

LEITHWOOD, Kenneth; DAY, Christopher; SAMMONS, Pam; HARRIS, Alma HOPKINS, David. **Seven strong claims about successful school leadership**. Nottingham: National College for School Leadership, 2006.

LIKERT, Rensis. **Novos padrões de administração**. São Paulo: Pioneira, 1971.

LÜCK, Heloísa. **Concepções e processos democráticos de gestão educacional**. 2. ed. Petrópolis: Vozes, 2007.

_____. **Gestão educacional**: uma questão paradigmática. 2. ed. Petrópolis: Vozes, 2006(a).

HELOÍSA LÜCK

_____. **Ação integrada na escola**: administração, supervisão e orientação educacional. 24. ed. Petrópolis: Vozes, 2006(b).

_____. A construção do conhecimento no trabalho: uma condição para o desenvolvimento da qualidade organizacional e profissional. **Revista da FAE**, vol. 5, n. 1, jan.-abr./2002, p. 1-14.

_____. Indicadores para a qualidade na gestão escolar e do ensino. Revista **Gestão em Rede**, n. 23, nov.-dez./2000, p. 15-18.

LÜCK, Heloísa; FREITAS, Kátia Siqueira de; GIRLING, Robert KEITH, Sherry. **A escola participativa**: o trabalho do gestor escolar. 2. ed. Petrópolis, Vozes, 2006.

MIZUKAMI, Maria da Graça Nicoletti. **Ensino**: as abordagens do processo. São Paulo: EPU, 1986.

MORIN, Edgar. **O problema epistemológico da complexidade**. Lisboa: Europa-América, 1985.

MUCCHIELLI, Roger. **O trabalho em equipe**. São Paulo: Atlas, 1996.

NCSL. **Emerging lessons from NCSL research activity 2004-05**. Nottingham: National College for School Leadership, 2006.

_____. **Leadership in schools**. Nottingham: National College for School Leadership, 2002.

Liderança em gestão escolar

NEILL, A.L. **Liberdade sem medo**. São Paulo: Ibrasa, 1963.

PATTON, Bobby R.; GIFFIN, Kim. **Interpersonal communication**: basic text and readings. New York: Harper & Row, 1989.

REYNOLDS, David. **Effective school leadership**: the contributions of school effectiveness research. Nottingham: National College for School Leadership, 2001.

ROUSSEAU, Jean Jacques. **Emílio ou da educação**. São Paulo: Martins Fontes, 2005.

ROGERS, Carl R. **Liberdade para aprender**. 2. ed. Belo Horizonte: Ingerlivros, 1972.

SAMMONS, Pam; HILLMAN, Josh & MORTIMORE, Peter. Key characteristics of effective schools: a review of school effectiveness research. In: WHITE, John & BARBER, Michael. **Perspectives on school effectiveness and school improvement**. London: Institute of Education, 1997.

SANTOS, Áureo dos. **A prática da liderança**. Petrópolis: Vozes, 2005.

SENGE, Peter. A prática da inovação. In: DRUCKER, Peter. **De líder para líder**. São Paulo: Futura, 1999.

_____. **A quinta disciplina**: arte, teoria e prática da organização de aprendizagem. São Paulo: Best Seller, 1995.

SERGIOVANNI, T.J. **Moral leadership**: getting to the heart of school improvement. San Francisco: Jossey-Bass, 1992.

SPERRY, Len (org.). **Desempenhos de aprendizagem e diferenças individuais**. Porto Alegre: Globo, 1981.

TAMARO, Susanna. **Vá aonde seu coração mandar**. Rio de Janeiro: Rocco, 1995.

VERGARA, Sylvia Constant. **Gestão de pessoas**. 2. ed. São Paulo: Atlas, 2000.

WHEATLEY, Margaret. Adeus, comando e controle. In: DRUCKER, Peter. **De líder para líder**. São Paulo: Futura, 1999.

WICK, Calhoum W. & LEÓN, Lu Stanton. **O desafio do aprendizado**. São Paulo: Nobel, 1997.

WHITE, John & BARBER, Michael (org.). **Perspectives on school effectiveness and school improvement**. London: Institute of Education, 1997.

www.wikipedia.org/wiki/leadership. **Leadership** [Acesso em 2007].

Anexos

Anexo 1 – Inventário de habilidades e atitudes de liderança[14]

Com que frequência você exerce as habilidades e atitudes abaixo listadas? Utilize os seguintes critérios para avaliar a frequência de sua prática em relação às habilidades e atitudes listadas:

1) até 25% do tempo

2) de 26% a 50%

3) de 51% a 75%

4) de 76% a 100%

Tenha em mente, na avaliação, um período de tempo delimitado e não muito longo, a fim de que a observação possa ser objetiva. Leve em consideração o contexto associado à prática avaliada. Registre nos espaços em branco outros fatores que julgar importantes para o exercício dessa liderança. A partir dessa avaliação, você pode ter pistas a respeito de

---

14. A presente lista de habilidades e atitudes, consideradas como indicadores de liderança, apresentadas neste instrumento, foi produzida a partir de depoimentos não induzidos de centenas de educadores a respeito, em programas de capacitação profissional.

Liderança em gestão escolar

aspectos em que precisa melhorar, a fim de poder exercer a liderança, em sua escola, com maior efetividade.

Nº	Habilidades e atitudes de liderança	1	2	3	4
1	Promove a definição da visão e da missão da escola e a torna um modo de pensar vivo e orientador das práticas educacionais na escola.				
2	Assume responsabilidade pelo trabalho de todos os participantes da comunidade escolar.				
3	Equilibra as interfaces e diferentes áreas de ação da escola e a interação entre as pessoas.				
4	Atua a partir de visão abrangente do trabalho educacional, do papel da escola e dos processos de aprendizagem.				
5	Demonstra interesse genuíno pelo trabalho dos professores, dos funcionários e dos alunos.				
6	Mantém um bom relacionamento interpessoal com todas as pessoas da escola.				
7	Desenvolve na escola um ambiente de aprendizagem em comunidade.				

8	Lida com conflitos e tensões, com naturalidade e discernimento, sem dramatizações.				
9	Reconhece o impacto do seu comportamento sobre o das demais pessoas.				
10	Constrói clima de confiança na escola, orientado por elevadas expectativas.				
11	Estimula participantes de todos os segmentos da escola a envolverem-se na realização dos projetos escolares, como uma causa de todos.				
12	Estabelece canais de comunicação positivos entre todos os membros da comunidade escolar.				
13	Demonstra autoconfiança em suas ações.				
14	Demonstra entusiasmo e gosto pelo seu trabalho.				
15	Demonstra gostar de trabalhar com pessoas.				
16	Sente-se à vontade diante de imprevistos e situações difíceis.				
17	Demonstra comprometimento com resultados da escola e de cada um dos seus setores e pessoas.				
18	Comunica-se claramente, procurando perceber como sua comunicação é recebida e entendida.				

Liderança em gestão escolar

Nº	Habilidades e atitudes de liderança	1	2	3	4
19	Persevera diante de problemas e dificuldades, assumindo-os como desafios.				
20	Estabelece condições para a melhoria do trabalho da escola como um todo e de cada um dos seus segmentos e pessoas.				
21	Orienta-se por elevadas expectativas em relação ao próprio trabalho, ao desempenho dos profissionais da escola e dos alunos.				
22	Mantém o bom humor próprio e o de sua equipe.				
23	Estabelece elos significativos de atuação entre professores, funcionários, pais e alunos.				
24	Valoriza o trabalho da equipe e suas ideias para a melhoria da escola.				
25	Compartilha o processo de tomada de decisões com todos os membros da comunidade escolar.				
26	Atua de forma comprometida e determinada, em relação ao cumprimento de objetivos e metas estabelecidos.				

27	Presta contínua atenção à dimensão social do ambiente escolar.				
28					
29					
30					

Anexo 2 – Inventário de atitudes e comportamentos em desacordo ao exercício da liderança[15]

Muitas vezes são observados, na prática de gestores, atitudes e comportamentos prejudiciais à realização dos objetivos educacionais e em desacordo com o exercício da liderança. Isso pode ocorrer em qualquer momento, diante de fatos e situações inesperados, cabendo portanto o autocontrole para evitá-los. Uma autoavaliação é fundamental para isso.

Com que frequência você apresenta as atitudes e comportamentos abaixo listados? Tenha em mente, na avaliação, um período de tempo delimitado e não muito longo, a fim de que a observação possa ser objetiva. Leve em consideração o contexto da ocorrência das atitudes e comportamentos. Utilize os seguintes critérios para avaliar a frequência de sua prática em relação a eles:

---

15. A presente lista de comportamentos e atitudes, indicadores de falta de habilidade de liderança e prejudiciais à orientação do trabalho escolar, apresentada neste instrumento, foi produzida a partir de depoimentos não induzidos de centenas de educadores a respeito, em programas de capacitação profissional.

Liderança em gestão escolar

1) até 25% do tempo

2) de 26% a 50%

3) de 51% a 75%

4) de 76% a 100%

Tenha em mente, na avaliação, um período de tempo delimitado e não muito longo, a fim de que a observação possa ser objetiva. A partir dessa avaliação, você pode ter pistas a respeito de comportamentos e atitudes que precisa controlar, a fim de poder exercer a liderança, em sua escola, como deve.

Insira no quadro de avaliação outras características que você julgue prejudiciais ao exercício da liderança e que não estejam apresentadas nesta lista.

Nº	Atitudes e comportamentos prejudiciais à liderança	1	2	3	4
1	Demonstra irritabilidade e impaciência diante de problemas.				
2	Reage negativamente a problemas e dificuldades.				
3	Demonstra favoritismo em relação a determinadas pessoas e desconsideração em relação a outras.				
4	Rotula pessoas, comportamentos e situações.				
5	Age com insegurança diante de pressões e situações de conflito.				

6	Expressa desinteresse em ouvir e falta de atenção aos seus interlocutores.				
7	Mantém comunicação pobre e inadequada.				
8	Age com autoritarismo e autocentrismo.				
9	Tende a encontrar justificativas para os problemas que surgem, de modo a minimizar sua própria responsabilidade.				
10	Faz brincadeiras a respeito de pessoas, ridicularizando-as ou minimizando-as.				
11	Transfere responsabilidades e cobra resultados, sem envolver-se com a solução e encaminhamento de situações.				
12	Centraliza informações e decisões.				
13	Reage impulsivamente diante de situações que lhe desagradam.				
14	Transfere para a Secretaria de Educação ou alguma pessoa em posição superior na hierarquia funcional a responsabilidade por medidas educacionais a serem tomadas.				

Liderança em gestão escolar

Nº	Atitudes e comportamentos prejudiciais à liderança	1	2	3	4
15	Transfere para os demais participantes da comunidade escolar, ou algum segmento da mesma, responsabilidade pelo mau funcionamento da escola ou baixo rendimento dos alunos.				
16	Tende a julgar o comportamento das pessoas a partir de sua própria predisposição emocional e estado de espírito.				
17	Expressa irritação e intolerância diante de comportamentos e situações indesejáveis.				
18	Hesita em posicionar-se em situações que demandam decisões, deixando ao grupo a responsabilidade em fazê-lo.				
19	Toma partido diante de expressões de fofoca, ciúme, inveja, malquerença, ressentimentos, raiva.				
20	Critica pessoas ausentes.				
21	Emprega estratégias de manipulação para influenciar outros, e deixa-se manipular.				
22	Cria esperanças infundadas				

23	Adota tom áspero, arrogante ou irritadiço em conversa com os colegas de trabalho.				
24	Vê problemas como obstáculos para a realização dos objetivos propostos.				
25	Desconsidera opiniões e ideias dos colegas de trabalho.				
26	Gera dúvidas por falta de clareza na comunicação ou por atitudes hesitantes.				
27					
28					
29					
30					

Conecte-se conosco:

- **f** facebook.com/editoravozes
- ⓘ @editoravozes
- 𝕏 @editora_vozes
- ▶ youtube.com/editoravozes
- ⓦ +55 24 2233-9033

www.vozes.com.br

Conheça nossas lojas:

www.livrariavozes.com.br

Belo Horizonte – Brasília – Campinas – Cuiabá – Curitiba
Fortaleza – Juiz de Fora – Petrópolis – Recife – São Paulo

EDITORA VOZES LTDA.
Rua Frei Luís, 100 – Centro – Cep 25689-900 – Petrópolis, RJ
Tel.: (24) 2233-9000 – E-mail: vendas@vozes.com.br